WEEKEND ✈ SEOUL

2泊3日からはじめる
自分だけの旅づくり

週末ソウル！

吉田友和　金光英実

平凡社

週末だけでも余裕で行けちゃう 日本から一番近い外国の街

　たったの2時間半で行ける外国の街——それがソウルである。2時間ちょっとという移動時間は、新幹線の東京〜大阪間とほぼ同じで、下手したら日本の田舎町へ行くよりもよっぽど近いのではないかと思う。離陸して、機内食を食べて、トイレに行って、一息ついたら、あっという間に着陸態勢に入ったりして、「あれ、もう着いたんだ？」と拍子抜けするほど。

　それだけ近いこともあり、極端なことを言えば、街の看板がハングルになっていることを除くと、異国情緒のようなものは感じられないかもしれない。道ゆく若者たちはみんなおしゃれだし、繁華街にはよっては、パッと見は東京と見分けがつかない景色の街もある。

　でもここは外国なのだ。李朝時代

の歴史的建造物の数々、むせかえるような熱気に包まれた南大門（ナンデムン）市場、キムチやナムルなどの小皿がわんさかとテーブルに並べられる韓国食堂。そう、この街には我々日本人が知らない"異文化"が確実にある。

昨今のウォン安のせいで、ソウル旅行の人気が高まっている。週末だけでも余裕で行って帰ってこれる近さも大きな魅力だ。ただあえて書くならば、グルメ、ショッピング、エステ以外には興味がないという人には、この本は向きではないかもしれない。もちろん、その種の情報もできる限り入れてはいるが、ソウルの楽しみ方はもっと多様で奥が深い。

そこで好奇心旺盛な旅人のために、本書ではソウルを知り尽くした現地在住・金光英実さんにソウルを旅するうえでのヒントをちりばめてもらった。心をフラットにして旅してほしい。外国の街ならではの新しい発見がきっとあるはずだ。（吉田友和）

週末ソウル
5つのキーワード

❶ 街歩き

読めないけれどなぜか心が躍るハングルの看板。
活気あふれる屋台と、勢いを感じる高層ビルの群れ。
それぞれに個性豊かな街をめぐる楽しみ。
歩けば歩くほど、ソウルを好きになってくる。

気になるトピックがあれば、すぐにページにジャンプ！

ソウルでの移動は、自由自在に移動できる地下鉄が便利

ハングルの看板を見ると、韓国に来た！とテンションがあがる

仁寺洞（インサドン）は韓国らしさが残っている街。ぶらり散歩が楽しい場所だ➡P36

定番おみやげスポット南大門（ナンデムン）市場へは、日が暮れてから行くのが気分➡P130

清溪川（チョンゲチョン）の西の始点には、巻き貝のような形をした不思議なオブジェが➡P54

❷ 観光

買い物と食事だけがソウルじゃない。
王宮をめぐって長い歴史に思いをはせるもよし、
最新エンターテインメントにふれるもよし。
せっかく旅するのだから、貪欲に文化を吸収してみよう。

世界遺産の昌徳宮（チャンドックン）など、李朝時代の王宮はソウル観光のハイライト。日本語ガイドも待機➡P48

一度は見学してみたい衛兵交代式。写真は徳寿宮（トクスグン）前のもの➡P50

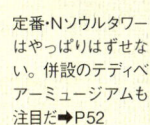

定番・Nソウルタワーはやっぱりはずせない。併設のテディベアーミュージアムも注目だ➡P52

40年間の時を経て復元された川・清溪川（チョンゲチョン）。そぞろ歩きが楽しい➡P54

③ 郊外観光

ソウルから1時間バスに揺られるだけで、風景がガラリとかわる。
素朴なお寺が心いやす神秘の島、お気に入りを探すのが楽しい陶器の村。
その気になったら、高速鉄道で釜山までひとっぴ。
ソウルの喧噪も捨てがたいけど、せっかくだから少し足を伸ばしてみよう。

ソウルからバスで約1時間の郊外の街、利川（イチョン）には陶器の店が集まる➡P70

朝鮮半島の昔の生活を再現した民俗村は、一日中楽しめるスポットだ➡P74

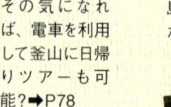

その気になれば、電車を利用して釜山に日帰りツアーも可能?➡P78

史跡が点在する神秘の島・江華島（カンファド）。さらに離島に渡ったら、こんなお寺も…➡P80

18世紀に建てられた水原華城（スウォンファソン）。古びた城郭が歴史を感じさせる➡P74

④ 買い物

日本にはない巨大な市場での買い物は
旅の喜びをかみしめる大切な瞬間。
その一方で、アートな建物でキュートな雑貨を物色できる。
これだから、ソウルの買い物はやめられない。

ソウルは陶器のお店も多い。利川（イチョン）や仁寺洞（インサドン）でお気に入りを探そう➡P70

露店が並ぶ縁日のような光景に、なんだか懐かしい気持ちになる

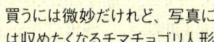

買うには微妙だけれど、写真には収めたくなるチマチョゴリ人形

いかにもなみやげ物から、ちょっぴり気の利いた雑貨まで何でも揃う

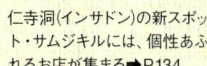

仁寺洞（インサドン）の新スポット・サムジキルには、個性あふれるお店が集まる➡P134

❺ 食事

焼肉、ビビンパ、キムチ…。日本でも食べられるけど本場で食べるおいしさにかなうものはない。定番グルメに飽きたら、珍味や宮中料理に挑戦するもよし。韓国料理は、想像以上に奥が深い。

エイの刺身（右）、鶏肉の足（左）など、珍味にも挑戦してみよう➡P118

ソウルは屋台での買い食いが楽しい。小腹がすいたら是非➡P114

韓国料理店では、サービスで小皿料理がたくさん出てくる。トクした気分！

定番の食事に飽きたら、ちょっと豪華な宮中料理もおすすめ➡P112

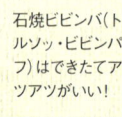

石焼ビビンパ（トルソッ・ビビンパプ）はできたてアツアツがいい！

些細な発見の中にこそ、旅の醍醐味が詰まっていると思う。昼夜問わず、時間の許す限り歩き回りたい

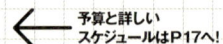
予算と詳しい
スケジュールはP17へ!

たとえばこんな週末ソウル❶

まずはおさえたい! 定番観光コース

著者おすすめの2泊3日テーマ別モデルコースを紹介します。ひとつめは、ソウルを初めて体験する人向けの王道観光コース。明洞や南大門、東大門などの超定番スポットはもちろん王宮やナンタ公演など、まずはおさえておきたい観光名所をめぐってみよう。(プランは全て金光が作成)

1日目(土)

13:30

南大門、明洞で買い物&ランチ

チェックインして身軽になったら、まずは比較的日本語の通じる地域で体ならししよう。ランチは南大門の太刀魚がオススメ。➡P130

18:00

景福宮観光

とりあえず定番の王宮は押さえよう。次のシティーツアーバスのチケットを先に買っておけば、出発ぎりぎりまで見て回れる。
➡P48

21:00

サムギョプサルの夕食

鍾路の人気店「トクサムシデ」で、サムギョプサルを。この時間帯なら並ばずに入れる可能性大。野菜たっぷりで胃にやさしい。➡P96

2日目 (日)

13:00 狎鴎亭、清潭洞を散策＆参鶏湯のランチ

狎鴎亭や清潭洞では芸能人をよく見かける。ちょっとセレブな気分になれるかも？参鶏湯の名店「OMEGA3参鶏湯」に寄りたい。➡P102

17:30 ナンタ公演観覧

韓国で一番有名なノンバーバル・パフォーマンス。人気があるので、日本でネット予約しておくと確実に席がとれる。➡P64

©www.utravelnote.com

東大門市場で買い物＆屋台で1杯

東大門は夜が面白い。夜10時なんてまだ序の口だ。ドゥータの反対側は屋台が密集しているので、買い物が終わったら軽く1杯やりたい。➡P36

22:00

3日目 (月)

©livexseoul.com

13:30 キムチ作り体験

キムチってどうやって作るのか？という疑問を解決するには、自分で作ってみるのが一番。プロに教わったら、日本で自分だけのキムチを作っては？➡P56

10:30 仁寺洞で買い物＆ランチ

韓紙や陶磁器、ポジャギなど、韓国らしいお土産が買える。ランチの後は道端でホットクなどのデザートを食べてもいい。無料の画廊が多いのも特徴。➡P36

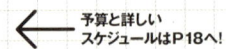
予算と詳しい
スケジュールはP18へ！

たとえばこんな週末ソウル❷

2回目以降のちょっとマニアコース

定番スポットは一通りおさえた人向けのコース。地元民も知らない商店街や
日本人の少ない観光地やショーをのぞいて、最新クラブシーンもチェックしてみる。
2回目以降の週末ソウルに。

1日目（土）

18:30

梨泰院でチャドルバギの夕食
梨泰院には、日本では珍しい部位「チャドルバギ」を
使った牛焼肉の名店「チャドルチプ」もある。➡P98

14:00

江南高速
バスターミナル
地下商店街で買い物
家具から洋服まで何でも
そろっていて、その上安い
から、何時間ショッピング
しても飽きない。➡P132

21:00

Nソウルタワーで
夜景を見る
展望台から見るソウルの
夜景は、絶句するほど美
しい。絶対に見逃さない
で。➡P52

2日目（日）

11:30

三清洞散策&ランチ
こだわりのカフェが集まる三清洞で珈琲ブレイク。雑
貨屋や洋服屋めぐりも楽しい。➡110

09:30

西大門刑務所歴史館見学
観光客の少ない朝一番で見学すると怖さが倍増する。
ここの見学を機に日韓の歴史を考えてみては？➡P62

21:30

スーパーマーケットで買い物
バラマキみやげを買うときは、スーパーが一番！ソウル駅のロッテマートなら夜中までやっている。観光を終えてからでも間に合うぞ。 ➡P142

14:30

©www.utravelnote.com

大学路でドローイング・ショー見学
世界初の美術パフォーマンス。今まで見たことのないこのショーを見て、想像力を養うのもいい。➡P65

2日目 つづき

23:00

弘大の夜を散策、クラブ遊び
ソウルの若者とともに週末の夜を踊ろう。弘大には、若者が集まるクラブが集まっている。 ➡P67

©livexseoul.com

サムジキル(仁寺洞)でランチ＆買い物
小さな店が集まったオシャレなショッピングセンター・サムジキルには、個性的な服や小物が。屋上から見る仁寺洞の街並も印象的だ。 ➡P134

12:00

3日目 (月)

15:30

教保文庫で本やCD、DVDを探す
街中で聞いた音楽で気に入ったものがあったらここで買おう。文房具や雑貨などもある。 ➡P136

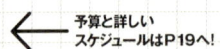

たとえばこんな週末ソウル❸

ちょっと足をのばして！ 郊外観光コース

バスを使って郊外をまわるコース。ソウルから1時間も移動すれば魅力的なスポットが点在していて、週末だけでもじゅうぶん回れるところも多い。ソウルの喧噪を離れて、のんびり過ごしたい人向け。

2日目（土）

10:00

江華島観光
古いお寺や史跡が点在する神秘の島、江華島へ。見どころが多いので、効率よく回りたいなら思い切ってタクシーを利用するのも手だ。ここでは魚もおいしい。4～6月の旅行なら、名物のママカリが旬。絶対に食べたい。➡P80

14:00

度毛島観光
フェリーに乗って、島から島へとさらに移動。バスで普門寺へ。山の斜面に彫られた、高さ9.7m、幅3.7mの観音像を見るだけでも行く甲斐がある。➡P80

3日目（日）

14:30

11:00

水原華城観光
世界遺産の水原華城は民俗村からも近く、水原の見どころのひとつだ。城壁を歩くと3時間ほどかかるので、王様の別邸である華城行宮に絞るのもよい。 ➡P75

民俗村観光
昔の朝鮮半島の庶民の暮らしを再現した民俗村は、勉強にもなるうえ、おいしい食事も食べられる楽しい場所。運がよければ時代劇の撮影現場に会えるかも。 ➡P74

18:30

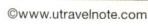
©www.utravelnote.com

プデチゲの夕食
プデチゲとは、米軍の払い下げた肉類を使い韓国式の料理にした、「軍隊のチゲ」という意味の鍋料理。一日中歩き回って腹ぺこのときは、熱々のスープが胃にしみわたる。

4日目（月）

09:00

徳寿宮観光
最後の観光には、空港バスが出ている徳寿宮が便利。ギリギリまで観光したら、6000番か6001番の仁川空港行きバス（金浦空港経由）に乗って空港へ。 ➡P50

週末ソウルでゲット!
旅のおみやげ図鑑

使えるバラマキみやげから、お気に入り自分用みやげまで買って得した、お気に入りグッズの数々をご紹介します。

陶器系
多くの窯元が集まる利川陶芸村(P70)には個性あふれる陶器がたくさん!

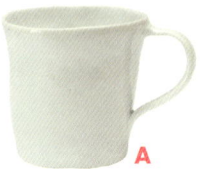

A シンプルだけど、表面がでこぼこした手仕事感があたたかいマグカップ

B りんごの形をしたお皿。ずっしりと重いけどキュートなかたちにひとめぼれ

C ひとつひとつ微妙に表情が違う魚の箸おき。バラマキみやげに使える!

雑貨系
陶器のほか、紙や布でできた雑貨も探したい。仁寺洞にお店が多数。歩いてみよう

D 韓国の伝統的な紙・韓紙で手作りのお皿をつくれるキット。クラフト好きの友達に!

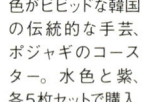

E 同じく利川の陶器屋さんで購入。黒の持ち手がアクセントになってかわいい

F 竹でできた2段重ねのお弁当箱。利川の陶器屋さんで購入。中国製なのはご愛嬌

G 色がビビッドな韓国の伝統的な手芸、ポジャギのコースター。水色と紫、各5枚セットで購入

スーパー系
ソウルのスーパーでは、量もあって味もいいおみやげを探そう。韓国海苔やキムチを買うのもいい

H 味はふつうのミルクキャンディーだけど、ポップなパッケージは小物入れにもGOOD

I チロルチョコにそっくりのチョコレートが4つの味で20個入っている。バラマキみやげにぴったり

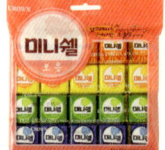

J 小さいチューブに入ったコチュジャンが3つ。料理好きの友だちに配るのもいいかも

K 人気屋台フード・トッポッキの味を再現したスナック。甘辛くて後を引く味

店舗情報は以下のページにあります
A、B、C、E、F➡P70(利川陶芸村)
H、I、J、K➡P140

写真はP10へ！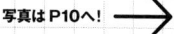

100W＝約8円

たとえばこんな週末ソウル❶

まずはおさえたい！定番観光コース

1日目(土)	09:20	羽田発／JL8831便
	11:35	ソウル(金浦空港)着
	13:00	ホテルにチェックイン
	13:30	南大門、明洞で買い物&ランチ。
	18:00	景福宮観光
	19:30	シティーバスツアー(出発は20:00)
	21:00	サムギョプサルの夕食
	23:00	汗蒸幕で汗を流してマッサージ
	02:00	ホテルへ戻る
2日目(日)	10:30	COEXで買い物、免税店へ
	13:00	狎鴎亭、清潭洞を散策&参鶏湯のランチ
	15:00	Nソウルタワーで展望台&テディベア博物館観光
	17:30	ナンタ公演観覧(公演は18:00～)
	22:00	東大門市場で買い物&屋台で1杯
	02:00	ホテルへ戻る
3日目(日)	10:30	仁寺洞で買い物&ランチ
	13:30	キムチ作り体験
	15:00	免税店で買い物
	17:00	空港へ移動
	20:10	ソウル(金浦空港)発／JL8834
	22:15	羽田着

費用

- ●航空券……………………………48,000円
- ●ホテル2泊 …… 5万W×2＝約8,000円
- ●シティーバスツアー ………… 1万W＝約8,000円
- ●マッサージ …… 10万W＝約8,000円
- ●展望台＋テディベア博物館(パッケージ) … 12,000W＝約1,000円
- ●展望台ケーブルカー 往復7,500W＝約600円
- ●キムチ作り体験 40,000W＝約3,200円
- ●ナンタ公演 …… VIP席60,000W＝約4,800円
- ●その他滞在費 ………… 20万W＝約16,000円

※費用は概算です　　　合計　約97,600円

東京を朝出発して夜戻ってくる、最も効率よく2泊3日を使えるタイプ。韓国初心者のために、定番スポットを中心にしたコースとした。1日目はソウルの街を知るために、明洞や南大門など、最も観光客の多い場所を最初に組み入れた。夜はシティーバスツアーで夜景を楽しむ。2日目は最初に江南に渡ってから、徐々に北上してくるコース。ソウルタワー、ナンタ公演など、定番のソウル観光を楽しむ。キムチ作り体験は、ホテルに置いておくと部屋が臭くなるので、3日目に持ってきた。王道観光なら、食事にも定番料理を入れたい。1日目の夕食のサムギョプサル(豚肉の三枚肉の焼肉)は、ソウル庶民の文化を知る上で必須の料理だ。

018

写真はP13へ！　→

100W＝約8円

たとえばこんな週末ソウル❷
2回目以降のちょっとマニアコース

1日目(土)	09:20	羽田発／KE5708
	11:35	ソウル(金浦空港)着
	13:00	ホテルにチェックイン
	14:00	江南高速バスターミナル地下商店街で買い物&ランチ
	16:30	江南駅周辺を散策
	18:30	梨泰院で買い物&夕食(チャドルバギ)
	21:00	Nソウルタワーで夜景を見る
	23:00	ホテルへ戻る
2日目(日)	09:30	西大門刑務所歴史館見学
	11:30	三清洞散策&ランチ
	14:30	大学路ドローイングショー見学(公演は15:00〜)&散策
	18:30	水産市場見学&夕食
	21:30	スーパーマーケットで買い物
	22:00	弘大の夜を散策&クラブ遊び
	01:00	ホテルへ戻る
3日目(月)	10:00	マッサージ
	12:00	サムジキル(仁洞寺)でランチ&買い物
	15:30	教保文庫で本やCD、DVDを探す
	17:00	空港へ移動
	20:10	ソウル(金浦空港)発／KE5709
	22:15	羽田着

■費用

- ●航空券 ………………………………… 48,000円
- ●ホテル2泊 ……………… 10万W×2＝約16,000円
- ●Nソウルタワー展望台 ………… 7,000W＝約560円
- ●展望台ケーブルカー ……… 往復75,000W＝約600円
- ●西大門刑務所 ………………… 1500W＝約120円
- ●展望台ケーブルカー ……… 往復7,500W＝約600円
- ●大学路ドローイングショー …… 3万W＝約2400円
- ●その他滞在費 ……………… 20万W＝約16,000円

※費用は概算です　　　　合計　約84,280円

定番スポットはひととおり観光した！ という人のための日本人観光客の少ないスポット中心のコース。1日目は江南高速バスターミナル地下商店街や梨泰院など、ショッピングを中心に、2日目は、西大門刑務所歴史館や水産市場など、ディープな韓国文化に触れられる場所を主に組み入れた。好みによって、ドローイングショーの代わりにナンタなど、ほかのノンバーバルパフォーマンスを組み入れてもいい。水産市場は、食べなくても見るだけで面白い。せっかくだから夜更かしして、週末の夜を楽しむソウルっ子にまじってクラブで踊ろう。3日目は、最新オシャレスポット・サムジキルや書店で最後のおみやげ探しを。

写真はP14へ！

100W＝約8円

たとえばこんな週末ソウル ❸
ちょっと足をのばして！郊外観光コース

1日目(金)	20:05	羽田発／KE2710
	22:20	ソウル(金浦空港)着
	00:30	ホテル到着
2日目(土)	09:00	バスで江華島へ出発
	10:00	江華島着後観光
	14:00	江華島から度毛島へわたり、観光
	20:00	ソウルへ戻る
	21:30	民俗酒場で夕食
	23:00	ホテルへ戻る
3日目(日)	08:30	ホテル出発(地下鉄1号線乗車)
	10:30	水原駅からシャトルバス出発にて民俗村へ
	11:00	民俗村到着後観光
	14:30	水原華城観光
	16:30	地下鉄1号線でソウルに向かう
	18:00	ソウル到着
	18:30	プデチゲの夕食
	21:00	東大門市場で買い物
	23:30	ホテルへ戻る
4日目(月)	09:00	徳寿宮観光
	12:00	空港へ移動　金浦空港駅にあるEマートでショッピング＆ランチ
	16:40	ソウル(金浦空港)発／KE2709
	18:45	羽田着

費用

- 航空券……………………………………48,000円
- ホテル2泊　　　　　　10万W×2＝約16,000円
- 江華島バス……………　往復9,000W＝約720円
- 民俗村入場料……………12,000W＝約1,000円
- 徳寿宮………………………　1,000W＝約80円
- その他滞在費………………20万W＝約16,000円

※費用は概算です　　　　　合計　約81,800円

郊外を中心にしたコース。月曜に加え、金曜も半休をとる。到着した日は翌日のためにすぐに寝て、翌朝早くから江華島へ出発する。江華島からのバスは22時ぐらいにはなくなってしまうので、余裕をもたせて20時にソウルへ戻ることとした。3日目は民俗村と世界遺産・水原観光。水原からのシャトルバスの台数は少ないので、10時30分出発のバスに乗る。4日目は朝、徳寿宮を観光してすぐに空港へ向かい、空港にあるEマートでまとめてお土産を買う。フードコートでランチも食べられる、余裕のある日程とした。都会の喧噪から離れ自然に親しめる、旅行気分がしっかり味わえるコースだ。

はじめに──

限られた日数だからこそ、味わえる旅がある。

せっかく外国まで行くのだから、時間やお金がゆるす限り、少しでも長く現地に心ゆくまで旅を続けるのはなかなかハードルが高い。
ゴールデンウィークや年末年始といった長期休暇をうまく利用すれば、サラリーマンだって旅に行くことは不可能ではない。不可能ではないのだが、考えようによっては、そういった長期休暇ぐらいしか旅行できるチャンスがないというのも、一方で現実だったりする。

もっとたくさん旅がしたい──ずっとそう思っていた。
なぜなら旅が好きで好きでたまらないから。
人間、本気でやりたいことがあれば、必死になる。僕が出した答えは、週末で海外旅行をするという選択肢だった。1泊2日、もしくは金曜か月曜に有給を取得して2泊3日。バックパッカーとして1年半もふらふらと旅をしていた頃を考えると、「そんなに短くて楽しめるのか？」という気持ちもあったが、思い切って行ってみると、これが最高に満足できたのである。

サラリーマンをしながらの短い旅というのは、ありがたみが違う。週末に外国で異文化に触れ、気持ちをリフレッシュさせてから週明けに会社へ出社すると、仕事

にも日常生活にも張り合いが生まれる。旅は長ければよいというものでもないことを週末海外を繰り返すうちに僕は知った。

本シリーズは、旅と仕事を両立したい欲張りな旅人を応援するために立ち上げた、地域別週末海外ガイドである。純粋なガイドブックとは違って、実際に各地を旅した執筆者の実体験を元に、主観的な感想なども遠慮なく盛り込んでいるのが特徴だ。

僕自身そうなのだが、旅へ出る前はとにかく忙しいから、予習は行きの機内で慌ててガイドブックをパラパラめくるという人もいるだろう。本書では、とくにそんな旅人が楽しめて役に立つ構成を意識しつつ執筆・編集してみた。読者の方々の週末海外のお供として、機内への手荷物の中にそっと入れていただけると幸いである。

吉田友和

楽しい週末海外のための5か条

❶ 思い立ったらすぐに実行
❷ あんまり欲張らずテーマを絞って
❸ お金よりも時間を優先させるが吉
❹ ときには会社から空港直行も当たり前（その逆も）
❺ 職場へのおみやげを欠かさずに！

CONTENTS

はじめに ... 002

週末ソウル5つのキーワード ... 004

たとえばこんな週末ソウル！
① まずはおさえたい！定番観光コース
② 2回目以降のちょっとマニアコース
③ ちょっと足をのばして！郊外観光コース ... 010

旅のおみやげ図鑑 ... 016

第1章 街歩き編　短時間で効率よく街を把握する ... 033

【街の構造】
まずは江北と江南をおさえよう
江南は洗練されたおしゃれエリア、江北は昔ながらのソウル ... 034

【街の特徴】
さらに分けると4エリア
特徴をつかんで使い分けよう ... 036

【梨大・新村・弘大】
個性豊かな3つの学生街エリア
1つだけ行くなら弘大がおすすめ ... 040

【梨泰院】
地下鉄の登場で華やかになった梨泰院は
韓国とは思えないエキゾチックな街 ... 042

【汝矣島】
世界最大の教会と世界最高層のミュージアム
世界一を体験できる都会の島 ... 044

コラム◎食べ物タウンの歩きかた ... 046

第2章 観光編　超定番観光地からディープスポットまで ... 047

【世界遺産】
ネイルサロンより観光！
大都市の中で歴史スポットを満喫 ... 048

【衛兵交代式】
王宮前で繰り広げられる時代劇コスプレは
楽しんだ者勝ちの撮影大会 ... 050

第3章 郊外観光編 週末だけでも意外と行ける！

[Nソウルタワー]
もはや定番・Nソウルタワーの新しい楽しみかたとは？ … 052

[清渓川]
復元された都会のオアシスで夜のそぞろ歩きを楽しもう … 054

[キムチ作り体験]
楽しみにしていた初の自家製キムチその味は私じゃなく別の物が堪能することに…… … 056

[クラフト体験]
糸が針に通らない！泣くに泣けない自分の老化を知ってしまった悲しい体験 … 058

[シティツアーバス]
てっとりばやく名所をめぐるには便利韓国のお上りさん観察も楽しい？ … 060

[西大門刑務所歴史館]
日韓の歴史に触れるには、一見の価値があるしかし、1人で行かないほうがいい … 062

[エンターテインメント]
3回見ても面白い「ナンタ」で世界の共通言語を知る … 064

[ナイトスポット]
大人のソウルの愉しみかた成人ナイトはブッキングが楽しい … 066

コラム◎きれいなトイレを使うには？韓国トイレ事情 … 068

[KTX]
スピーディな郊外観光はKTXで進行方向と逆の席だと安くなる！ … 069

[釜山弾丸ツアー]
思いっきって行ってしまったがKTXの時間を考えれば日帰りも十分可能！ … 070

[江華島]
地味だけど味わい深い島のハイライトは登山の末にたどりついた石仏 … 072

[北朝鮮国境ツアー]
板門店には行きそこなったけど脱北者の弾き語りに涙する日 … 074

[韓国民俗村]
大人も子供も楽しめる民俗村は1日たっぷり時間をとって遊ぼう … 076

[利川陶芸村]
掘り出し物を探すのが醍醐味韓国の益子でお気に入りを探す … 078

第4章 美容・癒し編 平日の疲れを癒して帰ろう

[サウナ・汗蒸幕]
ときには宿代わりにも使える汗蒸幕は地元民が行く店が絶対お得！ … 080

[マッサージ]
3日連続でも行きたい！と思う足マッサージの店がソウルにはある … 083

[ホクロ取り・レーザー治療]
みちがえるようにきれいになる
そして痛みも少ない奇跡の皮膚科 088

[まつげエクステ]
整形よりも効果的!?
私の人生を変えたまつげエクステ 090

コラム◎「占い」
ここまでくや開き直るしかない!
泣くに泣けない万国共通のお告げ 092

コラム◎「ガイドおすすめの店」には要注意! 094

第5章 食事編 一食も無駄にしない覚悟で!

[焼き肉(豚肉編)]
肉が命のサムギョプサル
私が3日連続で通った店とは? 096

[焼き肉(牛肉編)]
牛肉ならチャドルバギがおすすめ
日本ではまず食べられない! 098

[水産市場]
新鮮な海産物とコリアン・パワーを味わえる
水産市場では路地裏の店が面白い 100

[参鶏湯・鶏料理]
流行最先端の街で味わう
オーガニックな鶏肉で作った参鶏湯 102

[屋台]
居酒屋はたくさんあるけどあえて行きたい
ソウルっ子と一緒に飲み明かす喜び 104

[激辛料理]
韓国人も驚きの辛い料理で
不況のストレスを吹き飛ばせ! 106

[夜食&朝食]
臓物たっぷりの酔い覚ましスープで
酔いを吹き飛ばしてまた飲む堂々巡り 108

[話題のカフェ通り]
弾丸ツアーには向かないけれど……
話題のエリアでソウルカフェ事情を調査! 110

[宮中料理]
由緒正しき王室の料理は
薄味ながらうま味あり、の奥深さ味 112

[路上フード]
時間がなくてもすぐに食べられるから
あれこれ試してみて 114

[日本食]
おでんに生ラーメン、なんちゃって居酒屋……
進化するソウルの日本食事情 116

[珍味]
くさいけどうまい、グロいけどうまい
韓国四大珍味を食べ比べてみる 118

[ホプ・民俗酒店]
ビール党の私が自信を持っておすすめする
ソウル1ビールがうまい店 122

[韓国の伝統酒]
ワイン感覚で楽しめる「百歳酒」は
飲めば飲むほど健康になる魅惑のお酒! 126

コラム◎ご当地バーガーをあなどるなかれ 128

第6章 買い物編 自分みやげからバラマキみやげまで

【南大門市場】
買い物天国・南大門で
さらに安く買い物する方法 ……130

【ファッションビル】
地元民も知らないファッションアイテムの穴場
高速バスターミナル地下商店街へ急げ！ ……132

【サムジキル】
仁寺洞の新名所では、
自分みやげを探したい ……134

【書店】
日本の本を安く買える大型店で
書店観光はいかが？ ……136

【皮革製品】
革を買うなら東大門と梨泰院
比較検討して納得いくものを！ ……138

【COEX】
東洋最大級のショッピングモールで
話題の店を食べ歩いてみた ……140

【大型スーパー】
日本人観光客にやさしいロッテマートで
バラマキみやげを探そう！ ……129

【コスメ】
チープコスメもいいけれど
確かな品質の韓方化粧品はいかが？ ……142

【メガネ】
フレームは1万Wから!?
レンズも込みだともうちょっと高いんだけど…… ……144

【骨董街】
専門家が訪れる骨董街は
「手で触れられる」タダの博物館 ……146

コラム◎1ウォンでも得するための両替&買い物術 ……148

快適な週末ソウルのための 旅のノウハウ編

航空券・ツアー／空港・宿／市内移動／
買い物／食事／マナー／その他 ……150

おわりに ……166

ソウル全体図

地下鉄路線
- 1号線
- 2号線
- 3号線
- 4号線
- 5号線
- 6号線
- 7号線
- 8号線
- 9号線（2009年7月末 開業予定）
- 盆唐線
- 中央線

高麗大学↑
普門
6号線
安岩
面牧
恵化
昌新
新設洞 1号線
清涼里
四佳亭
昌慶宮
4号線
東廟前
祭基洞
清涼里
鐘路5街
東大門
新踏
踏十里
美術商街
龍馬山
乙支路4街
P31
新堂
踏十里
馬場
中谷
東大門運動場
上往十里
往十里
長漢坪
君子
東大入口
青丘
杏堂
中央線
漢陽大
竜踏
新羅ホテル
薬水
新金湖
峨嵯山
南山ゴル
韓屋村
鷹峰
オリニ大公園
ポティコゲ
金湖
トゥクソム
聖水
オリニ大公園
5号線
漢江鎮
玉水
トゥクソム運動場
2号線
建大入口
SPA DAY
東湖大橋
聖水大橋
九宜
江辺
漢南
漢南大橋
永東大橋
トゥクソム遊園地
蚕室鉄橋
P31
狎鴎亭
ギャラリア百貨店
清潭大橋
蚕室大橋
Chong gyoun-Odenchip
ウアグセ
城内
ホンミ・タッパル
江南スパ
龍水山
7号線
8号線
盤浦大橋
韓国
刺繍博物館
新沙
江南区庁
現代精肉食堂
清潭
蚕室
新盤浦
蚕院
論峴
鶴洞
COEX MALL
BANDI&LUNI'S COEX店
新川
ロッテワールド
高速ターミナル
盤浦
新論峴
三陵
キムチ博物館
総合運動場
ソウルノリマダン
江南高速バス
ターミナル
地下商店街
砂坪
宣陵
三成
2号線
石村
3号線
ヒャンユ
駅三
ハンテイ
ハンニョウル
盆唐線
瑞草
教大
江南
百歳酒マウル
（江南）
大峙
大清
道谷
大母山入口
3号線
梅峰
開浦洞
逸院
南部ターミナル
九龍
水西
方背
良才
可楽市場（農水産物）
文井洞アウトレットストリート

明洞・南大門

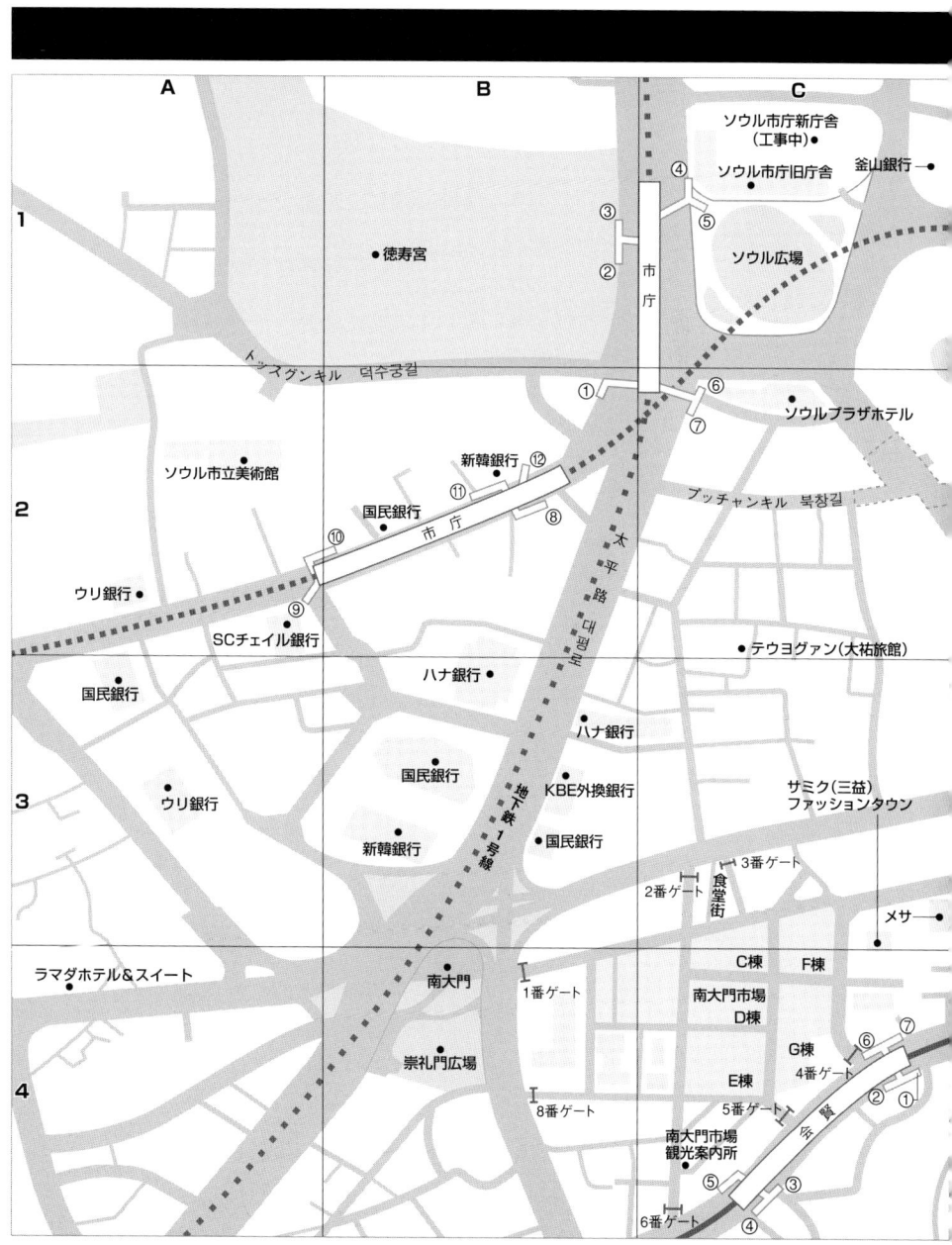

鍾路・仁寺洞

A　B　C

安国郵便局
地下鉄3号線
インサドン観光案内所
雲峴宮
徳成女子大学
鐘路警察署
クァンフンジョン（ホテル）
シングンチャン（ホテル）
HHモーテル
インサドン観光情報センター
サムジキル
耕仁美術館
三一路

曹渓寺
郵政局路
新韓銀行
世林モーテル
架橋（カギョ）
ホテルソンビー
楽器商街

農協
公平ビル
シティバンク
地下鉄5号線
公衆トイレ
タプコル公園
バンディ&ルニスチョンノ店
セブン-イレブン
鐘路タワー（国税庁ビル）
仁寺文化表演場
THE FACE SHOP
セブン-イレブン
鐘閣
地下鉄1号線
鐘路 종로
永豊文庫
トクサムシデ
百歳酒マウル鐘閣店
清渓川

東大門

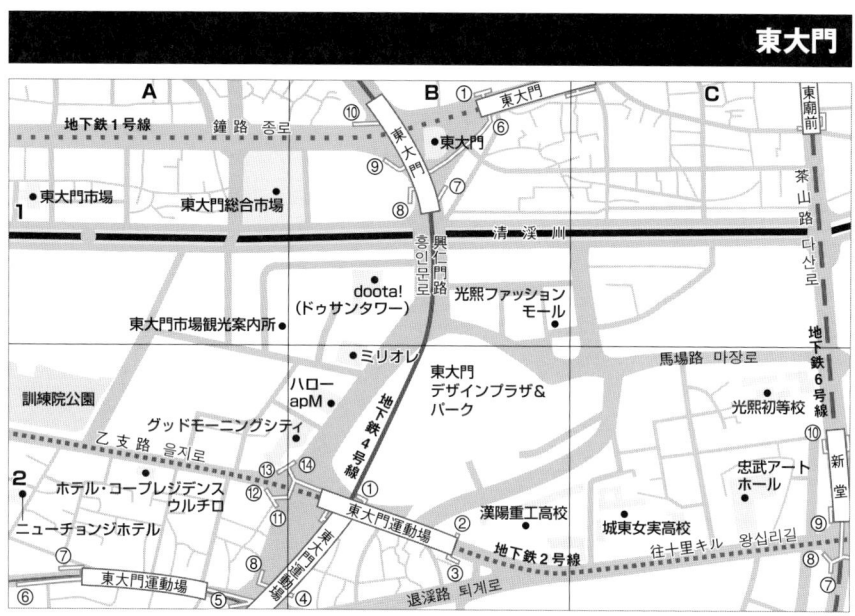

狎鴎亭

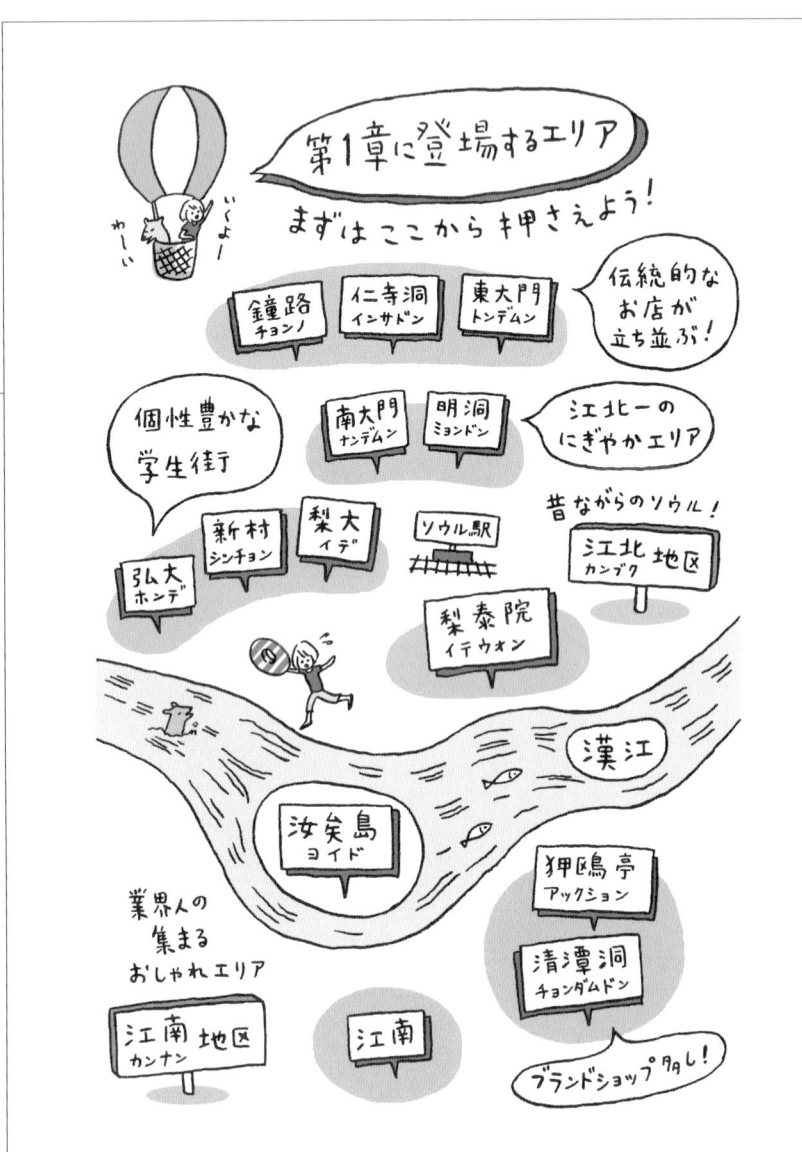

第1章

短時間で効率よく街を把握する

街歩き編

[街の構造]

まずは江北と江南をおさえよう
江南はおしゃれエリア、江北は昔ながらのソウル

ひとことでソウルといっても広い。まずは「江南」「江北」の2つをおさえておくと、雰囲気がつかみやすいだろう。

「江南」は、土地や家賃が高く高所得の人たちが集まっているため、お金持ちが住む街のイメージがある。オシャレなお店、新しくて近代的なビル、碁盤の目のようにきちんと整理された区画などを見ると、洗練された現代の都市そのものである。オフィスもいま風の格好いい業種が集まっている。テヘランバレー（韓国版シリコンバレーと呼ばれる）という通りがあるほどIT企業が密集し、映画・ドラマ制作会社、芸能プロダクションなど、芸能関係の会社もこの地域に集中している。時代の先端をいく企業やあこがれの業種が多いのだ。

知り合いの小さな映画会社の社長は、事務所を江南地域に構えなければならない苦悩をよく語る。イメージの問題もあるし、仕事関係者の多くが江南にいることを考えると、どうしてもこの地域にオフィスが必要になる。でも家賃が高いので苦しいらしい。それでも仕方ないのだ。江南にオフィスがないというのは、メンツを気にする韓国人にとっては結構致命的だから。

一般的に江南とは、ソウルの中心を流れる漢江（ハンガン）という大河をはさんで南側のこと

江南には隠れ家的な店やレストランも多い。

をいう。だが実際にソウルっ子のイメージする「お金持ちの江南人」は、江南区、瑞草区、松坡区に住む人のことだ。漢江の南に家があるからといって全員が江南の人というわけではないのである。

一方、漢江の北側が「江北」になる。いわゆる旧市街だ。李朝時代に都があった地域なので、五大王宮やソウル駅など歴史ある建物や古い街並みがそのまま残っている（とはいえ、どんどん取り壊されて次第になくなりつつあるが）。

江北には、日本人観光客にとって最も親しみのあるホテルであるロッテホテルがあり、その前に広がる明洞、アンティークの街・仁寺洞など、観光客の楽しめるところがたくさんある。江南に比べて物価も安いし、韓国ならではの情緒も感じられるので、初めてのソウルを体験するなら、江北を満喫すべきだ。

ソウルに住んで長いが、私はいまでも遊びに行くのは江北が多い。気取らずに街を歩けるのが気に入っている。鍾路や大学路などで、スタバでコーヒーを飲みながら普通のOLや大学生の姿を眺めるのも一興だ。ロウソクデモやワールドカップで群衆が集まったのも、江北にある市庁前の広場である。野暮ったいかもしれないが、人々が情熱をかけられる場所、何か面白いことが起こる場所、それが江北なのだ。

さて、最後に江北と江南を移動するときの注意点を書き添えておく。江南と江北の間には25の大きな橋がかかっていて、両区間を行き来するには必ずこの橋を渡らなければならない。バスやタクシーを使って移動する場合、ラッシュの時間帯は避けたほうがいい。ものすごい渋滞に巻き込まれることがある。18時〜19時が最高のピークで、20時以降は少しずつ渋滞も和らぐ。

江北　東京駅にも似たソウル駅の旧駅舎。

[主要なエリア]
さらに分けると4エリア 特徴をつかんで使い分けよう

前ページでは、ソウルを大きく2つに分けて考えてみたけれど、さらに街の位置と特徴から大まかに分けるとしたら、江北エリアの「鍾路（チョンノ）、仁寺洞（インサドン）、東大門（トンデムン）」、「明洞（ミョンドン）、南大門（ナンデムン）」、江南エリアの「狎鴎亭（アックジョン）、清潭洞（チョンダムドン）」「江南（カンナム）」の4エリア、8タウンになる。

「明洞、南大門」は、観光客にとって一番なじみの深い地域だ。ロッテ百貨店の正門玄関前に伸びる大通りを反対側に渡ると明洞があり、渡らずに百貨店を背にして右手に歩いていくと南大門にたどりつける。

明洞は、ロッテ百貨店側から入る「明洞ギル通り」、地下鉄4号線「明洞」駅につながる「メイン通り」がT字に走っているので、この2つの道をとりあえず頭の中に入れておこう。ここから多くの路地が派生しているので、迷ったら大通りに戻ればいい。

午前中は人がいなくて静かな明洞だが、夕方以降はバーゲンセール中の売り場のように群衆で埋まる。日本人が多いのであちこちから日本語が聞こえてきて、一瞬、ここは日本？ とトランスしそうになる。明洞は夜10時ぐらいにはお店も食堂も閉まってしまう店がほとんどなので、少し早めに行動するほうがいい。

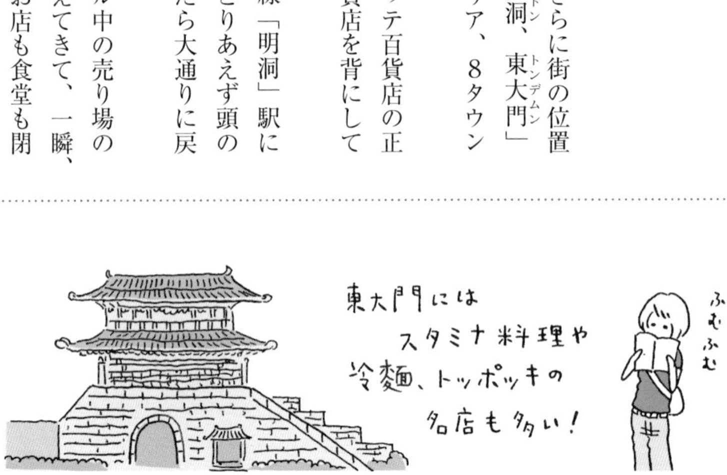

東大門には
スタミナ料理や
冷麺、トッポッキの
名店も多い！

ふむふむ

明洞やロッテ方面から歩いてきた人にとって南大門の始まりは、新世界百貨店だ。リニューアルしてきれいになり、デパ地下も充実している。市場のトイレはたいてい汚いので、トイレはここで済ませておくといい。

そして、「鍾路、仁寺洞、東大門」。この辺りも観光客に人気のエリアだ。鍾路は、朝鮮時代には代表的な商店街地域として、また日本の植民地時代には商業と文化の都市として栄えたところだ。いまも大勢の人が足を運ぶダウンタウンであり、宗廟など、多くの文化遺産が残っている。

鍾路は1街から6街まであり、地下鉄5号線「光化門」駅から1、4号線「東大門」駅に伸びた大通りがこのエリアの中心となる。鍾路から東大門駅までは歩いて30分ほどで行けるので、時間があるときには歩いてみよう。

仁寺洞は、鍾路2街と3街の中間にある地域で、アンティーク製品や韓国の伝統工芸品などが売られている。手作りのうちわや天然染めのスカーフ、韓紙など、韓国的なものがたくさんあるので、ウインドーショッピングも楽しい。仁寺洞の大通りでは、もろこしホットクや韓国もち、トルコアイス、ヨンヨム（「龍のひげ」という意味の伝統菓子）など、一風変わった路上フードも楽しめる。路地裏にはおいしい店が軒を並べ、小さな韓定食の店も多い、グルメタウンでもある。

東大門は言わずと知れた、衣類市場の街だ。大きなファッションビルがいくつもあり、夜になると路上のあちこちに露店が並ぶ。屋台も有名で、おなかをすかせた若者たちがもりもり飲んで食べる姿を見ると、元気がわいてくる。ここは夜に行きたい街だ。

漢江を渡った「狎鴎亭、清潭洞」のエリアは、オシャレなイメージがある。「狎鴎亭」は、ファッション流行の最先端だが、地下鉄で「狎鴎亭」駅についても、そんな雰囲気はなく、どこを歩いていいか分からない。そう、人々の思い浮かべる狎鴎亭とは、「ロデオ通り」のことをいうのだ。

ロデオ通りへ行くには、駅2番出口を出てまっすぐ15分ほど歩かなければならない。行く途中にもいろんな店があるので、歩くのもけっこう楽しいが、面倒ならタクシーを利用しよう。「ロデオコリ（ロデオ通り）」と言えば連れて行ってくれる。

駅から歩いていく場合、ギャラリア百貨店が左に見えるころになると、右手に「パリ・クロワッサン」というパン屋さんが現れる。見上げると「ロデオ通り」という看板が通りにかかっていて、この通りと、突き当たった道とがT字を成し、メイン通りになっている。以前より人通りが少なくなって、街は思ったよりも寂しい。しかし、芸能プロダクションのトレーニングセンターやタレントの経営する店などがあり、芸能人が訪れる街であるかぎり、「トレンドの街」というイメージは維持できそうだ。

「清潭洞」は狎鴎亭と隣接した地域で、セレブなイメージがより強い。東京でいうと、青山通りや表参道のような感じだ。ギャラリア百貨店を狎鴎亭駅と反対方向に歩いていくと、ミッソーニ、グッチ、フェラガモなど、高級海外ブランドが立ち並ぶストリートがある。ブランド好きなら1日いても飽きないだろう。清潭洞はレストランも高級な店が多く、一度、イタリアンでごちそうになったことがあるが、値段を聞いて目玉が飛び出た。ただし、味は韓国とは思えないほどイタリアンを再現

ロデオ通りには小さなブティックが並ぶ

していた。

「江南」もちょっぴりオシャレで高級なイメージがあるが、オフィスも多いため、実は意外と庶民的な店も多く、お店の選択の幅が広くて便利だ。コスメの店や、高級ファッションブランドからチープな雑貨まで、何でもそろう。ただし、週末はものすごい人出で、お昼過ぎのカフェはどこも、空席待ちの人であふれているので注意したい。

「江南」駅を出るなら、6番か7番出口に出るといい。6番出口の付近には待ち合わせ場所として有名な「ニューヨーク製菓」がある。露店も多く、ユニークな物がたくさん売られている。7番出口はシティ劇場のある通りで、開通したばかりの地下鉄9号線「新論峴」駅に向かう道となる。どちらも、1本裏道に入ると食堂や居酒屋が並んでいる。

以上、ソウルを代表する4エリア、8タウンを紹介してみた。まずは、これらのエリアから興味があるところをめぐってみてはいかがでしょう?

[梨大・新村・弘大]

個性豊かな3つの学生街エリア
1つだけ行くなら弘大がおすすめ

梨大(イデ)、新村(シンチョン)、弘大(ホンデ)とつづくこの一帯は、学生街のエリアだ。お嬢様大学の梨花女子大、韓国の慶応と呼ばれる延世大学、美術・アート系で有名な弘益大学などが集まっているため、付近は活気あふれる学生街となっている。

まずは梨大前。地下鉄2号線「梨大(イデ)」駅2番出口を出るとまっすぐのびているのが「梨花女子大通り(イファヨンセ)」だ。ここを北に直進すると梨大に突き当たるので、この通りを軸にして左右の路地に入るといい。カフェやネイルサロン、美容室など、女子大生の好きそうな店が並んでいる。だが、最近は不況の影響で店が次々と閉店に追い込まれ、テナント募集中のビルも目立つ。ここは、「ハイティーンが集まる街」という雰囲気を味わう程度に抑えておこう。

梨大前の通りを左(西)に曲がって歩いていくと、右側に「新村」駅とファッションモール「ミリオレ」がある。ここをまっすぐ進むと新村だ。途中で二股に分かれるが、どちらに進んでも同じ道に出るので、あまり悩まずに突き進もう。ちなみに、左手の道に入るほうが、お店が多くて楽しい。

続いて新村。「新村」駅3番出口を出てまっすぐ進むと、突き当たりが延世大学だ。新村ではこの大通りが軸となる。先ほど梨大から進んできたときにぶつかるの

延世大学は
ソウルの慶応

梨花女子大は
お嬢様が
集まる

もこの通りだ。新村を2つのエリアに分けるとしたら、この大通りの西側（弘大側）と東側（梨大側）になる。西側は飲んで歌って遊んでの酔っぱらいが大量生産されるような雰囲気で、東側はもう少しおとなしい感じがする。学生のケンカも時々見られる。延世大学の語学堂（大学付属の語学学校のこと）は有名なため、新村には日本人留学生が多く、また西欧や東南アジアから来たとおぼしき外国人もたくさんいるので、日本人にとっては身構えずにすむ街の1つだろう。

「新村」駅1番出口を出てまっすぐ行くと右手に現代百貨店が見えるが、この大通りを突き進むと弘大の街に行くことができる。20分くらい歩くと三叉路に出合うので、ここを左に直進すると「弘大入口」駅だ。少し遠いのでタクシーがおすすめ。

最後に弘大エリア。ここは駅を中心に、大学側と非大学側のエリアに分けられる。大学があるほうがにぎわっているメインのエリアだ。「弘大入口」駅5番出口を出るとすぐKFCがあり、待ち合わせの人であふれている。ここを左に曲がって少し行くと、食べ物横丁に出る。日本風居酒屋、フュージョン居酒屋、焼き肉店、中華料理など、何でもそろっている（この通りの右側にある「クイクイ」というサムギョプサルの店は肉質がよく美味）。通りを歩いていって右手にスタバが見えたら、横丁は終わり。左に曲がってのびている通りが弘益大学につながる道だ。弘益大学の正面を見て右側にのびる道や、公園のある付近などに面白い店がたくさんある。

3つの大学街はどこも特徴があって面白いが、洗練された店の数は弘大が群を抜く。もし1か所しか行く時間がないのなら、弘大に行くといいだろう。

[梨泰院(イテウォン)]

地下鉄の登場で華やかになった梨泰院は韓国とは思えないエキゾチックな街

近くに米軍基地があるため、もとからアメリカ人の多かった梨泰院。最近はほかの国の出身者も増えて、すっかりエキゾチックな街へと変貌を遂げた。ここはホントに韓国か？　と疑ってしまうほど、さまざまな人種であふれている。特に外国人の多い飲食店やカフェなどでは、店の人たちは基本的にみんな英語を話せる。韓国人の顔をした店員に、いきなり「メイ・アイ・ヘルプ・ユー」と流暢に言われた時は一瞬たじろぎ、つい「ワン・コーヒー・プリーズ」と英語で反応してしまう。ちょっぴり西欧気分が味わえるのも魅力だ。

怪しいムードの漂う少し陰気くさかった梨泰院が、華やかな異国のイメージに様変わりできたのは、地下鉄の影響が大きいと思う。数年前に「梨泰院」駅ができてから交通の便がよくなって、活気が増したようだ。

この街は「梨泰院」駅1番出口前にあるハミルトンホテルを中心に、西側と東側に分けると分かりやすい。個人旅行者がよく行く店は西側（ホテルを背にして右側）に、団体ツアー客をガイドが連れていくような店は東側に主に集まっている。

基点となるのが、土産物店が寄り集まった、ハミルトンホテルのショッピングセンター。入り口には、韓国音楽やポップスがガンガン流れているCD売り場があり、

外国人好みのアンティークショップも多い

おもしろーい

その奥には花や動物などと一緒に文字を描く、花文字の絵を売る店がある。花文字は幸運をもたらすそうなので、1枚どうだろう。このビルはカバンや服や小物などが一挙に見られて便利なビルなのだが、なぜかいつもガラガラだ。

このビルを背にして右側に向かうと、革製品の店を中心に、いろんなショップが並んでいる。メーカー卸しの運動靴店や、外国人向けのビッグサイズの服の店。露店には帽子や靴下などが並んでいて、1万W札の絵柄のトランクスのような不思議なものも売られている。私は花札模様の靴下を買った。

道を歩いていると、すぐに日本語で声がかかる。たいていはコピー製品に関するものだ。「完ぺきなニセモノ、あります」『Aクラスのニセモノです』『カバンあるよ』などというのが定番だが、最近は「秘密の部屋があります」という、一瞬ギョッとしてしまうような名文句も聞いた。次はどんな言葉が飛び出すのだろうか。

梨泰院はオーダーメイドも安くて有名だ。革の靴やジャケットなどはもちろん、ワイシャツや紳士服なども安くていいものが作れる。ワイシャツは3000円くらいからオーダーメイドできる。友人は、某ブランドで10万円する背広と同じ生地なのに、4万円でスーツを作ってもらった、と自慢していた。好きな文句をミシンで刺繍してくれる店もある。私は犬の首輪に、犬の名前と私の連絡先を刺繍してもらった。首輪代込みで1万Wだった。

「梨泰院」駅1番出口を出た大通りの1本裏側は、韓国の「麻布十番」である。フランス、ギリシャ、スペインなど、各国のレストランが集まっていてオシャレな場所。ひと味違った韓国の夜を味わうことができるので、夜に来たい所だ。

イテウォンは革製品が安い！
詳しくはP.138で！

[汝矣島(ヨイド)]

世界最大の教会と世界最高層のミュージアム
世界一を体験できる都会の島

「韓国のマンハッタン」とたとえられる汝矣島は、漢江に浮かぶ都会の島だ。証券会社や放送局、国会議事堂など、国の金融、経済機関が集中している。空気の張り詰めた堅苦しい街でもあるが、漢江に囲まれたロマンチックな場所でもある。そして、OLやビジネスマンを対象にした、安くておいしい食堂も多い。

汝矣島のランチタイムは、オフィスから一気に人があふれ出てきて、人気店は大混雑となる。時間的融通のきく旅行者なら、11時半から13時は避けるべきだ。その込みようは他の街と比較にならないほど。一日中、オフィスの中に閉じこもって働いているOLたちの唯一の息抜きの時間だから、並んででも絶対おいしいものを食べてやる、といった気迫が感じられる。

汝矣島の中には地下鉄駅が2つある。「汝矣島」と「汝矣ナル」である。汝矣島駅はオフィス街の中心、汝矣ナル駅は漢江側にあり、汝矣島のどこへ行くかによって降りる駅は異なる。遊びに行くのなら、汝矣ナル駅で降りると便利だ。

汝矣島といえば有名なのが、高層ビルの代表、63ビル。水族館や映像立体シアターがあって、池袋のサンシャイン60みたいだ。世界で一番高い所にあるのが自慢の「63スカイアート」という美術館があり、その中のカフェで夜景を見ながらコーヒ

街歩き

ーを飲んでいると、優雅な気分になれるのだ。

天気がいい日は漢江市民公園をブラブラしながら、気が向くままにアヒルの足こぎボート（足がかなり鍛えられる）や遊覧船に乗ってみるといい。すぐそばには汝矣島公園もある。かなり大規模な公園なので、ローラーブレードや自転車を借りて、公園を走ってみてはどうか。2人乗り自転車はスリルがあって楽しい。

週末の汝矣島からはスーツ姿がすっかり消えてしまう。代わりに家族連れやカップル、同好会のメンバーたちが現れて、楽しそうな雰囲気に一変する。悲しいことに、ほとんどの食堂は週末が休みだ。バーガーキングなどのファーストフードは営業しているので、テイクアウトして外で食べるのがいいだろう。

日曜日の汝矣島で見ものといえば、純福音教会。世界最大の教会としてギネスブックにも載っているらしく、教会を訪れるすごい信者の数には圧倒されてしまう。無料で入れるので（当たり前か！）、興味があれば一度体験してみるのも話のネタになってよい。何千人も入りそうな講堂で、信者の前に立った牧師様を数々のテレビが映し出している。最後に何やら叫ぶ時間もあり（罪の告白の時間か？）、みんなが一斉に何かをわめく姿は、迫力があって面白い。

汝矣島には、3大テレビ局の2つ、KBSとMBCがある。これらテレビ局付近のカフェや食堂では、有名人に会えることがある。私も何人もの女優を見かけた（なぜか全員女優）。ちょっとした偶然が、ステキな土産話になるかもしれない。

4月には花見祭り、10月には花火大会が開かれていて、この時期の週末の汝矣島は道路も地下鉄ものすごいラッシュになるので注意が必要だ。

観光

郊外観光

美容・癒し

食事

買い物

旅のノウハウ

漢江遊覧船で夕日を楽しむのもよい！

食べ物タウンの歩きかた

column

ソウルにはいくつかの有名な「食べ物タウン」がある。1つの店が有名になって人が集まるようになると、必ずそのそばに似たような店ができて、タウンが形成されるのだ。店の前には客引きもたくさん出ていて、激しい競争が繰り広げられている。どの店も同じように見えるので、いったいどこに入ってよいか迷うことだろう。そんなときは単純に、一番客の多い店に入ろう。

●チョッパル(豚足)―奨忠洞(チャンチュンドン)

新羅ホテルの近く、東国大学の学生街に広がっており、地下鉄3号線「東大入口」駅3番出口を出て150mほどの場所にある。「トゥントゥンイ ハルモニチブ」が元祖だと言われているが、定かではない。私も何度か、この街には食べに行っているが、いつも前回食べた店を忘れてしまい、適当に入る。どこで値段も味も変わらない気がする。

●ホルモン焼き―教大駅前(キョデ)、舎堂(サダン)

2号線「教大」駅14番出口を出て100mほどのあたりや「舎堂」駅13番出口を出て最初の路地を右折したあたりにタウンを成している。ホルモンは韓国語で「コプチャン」といい、日本の食べ方とは違い、腸を丸ごと目の前で焼き、ハサミでジョキジョキと切ってくれる。腸の中身こそがおいしいのだと韓国人は言う。

●トッポッキ―新堂洞(シンダンドン)

2・6号線「新堂」駅8番出口を出て直進、消防署の路地を入る。屋台で食べる赤くて甘辛いトッポッキではなく、即席トッポッキといい、鍋料理のような感じで食べる。しかし、地元民には高くておいしくない店が多いと評されているので、期待しすぎは禁物だ。

●ソグムクイ(豚肉の焼き肉)―麻浦(マポ)

ここはオススメ。「麻浦」駅にあるガーデンホテルの裏側付近に広がっているが、5号線「孔徳」駅5番出口を出たあたりにも多い。大通りよりも路地に入ったほうが落ち着いて食べられる。ただ、私の行った路地裏の店は、肉の質も味もよかったが、店員の態度が悪かったので後味が悪い。私が次に行くなら、大通りにある店を選ぶ。

●カンジャンケジャン(かにのしょうゆ漬け)―新沙洞(シンサドン)

3号線「新沙」駅4番出口の2ブロック先に店が並ぶ。だが、ここは「プロ・カンジャンケジャン」の一人勝ち。ほかの店はがらがらでも、この店だけは込んでいる。味付けが難しく高価な料理なので、試しにほかの店で食べてみよう、とはいかないようだ。

●ナクチポックム(タコいため)―武橋洞(ムギョドン)

5号線「光化門」駅3番出口を出て、鍾閣方面に歩き2つめの路地を左折。「イ・ガンスン」や「ソリンナクチ」などが伝統ある有名な店だ。タコいためとチョゲタン(貝のスープ)を1皿ずつ頼んで食べるのが基本。

●スンデ(腸詰め)―新林駅前(シルリム)

2号線「新林」駅を降りて3番出口を進み左側に折れるとスンデの店が集まった大きなビルがいくつもあるが、1階よりも、2階より上にある店がオススメだ。

第2章

超定番観光地からディープスポットまで

観光編

[世界遺産]

ネイルサロンより観光！
大都市の中で歴史スポットを満喫

世界遺産——ユネスコが世界中の遺跡や自然の中から、「これは貴重だから後世に残そう」と認定した観光地。数ある観光地の中でも、とびきりレベルの高いところを「世界遺産」と呼ぶのだと、ざっくりいえばそういうことになっている。その選定基準には賛否両論があり、実際には「たいしたことないじゃん」と思うようなところも世界遺産になっていたりもするのだが、僕のようなミーハーな旅行者にとっては、世界遺産と聞くとそれだけでまずは旅心がうずいてしまうのである。

ソウルには世界遺産がなんと2つもある。それも、街のほぼど真ん中に位置していて、東京並みの大都市なのに……とうらやましくなるほど。ちなみにソウルから約1時間で行ける水原（スウォン）という郊外の街にも世界遺産があり、それも加えると計3つもの世界遺産を観光できるので、世界遺産好きならソウルは実はかなり魅力的な旅先だったりする（水原については75ページ参照）。

「あんまり興味ないなぁ。それよりネイルサロンに行きたいよ」とつれないことを言う奥さんをなんとか丸めこんで、ソウルの世界遺産観光に付き合わせることにした。女性的には歴史のロマンもなかなか理解できないらしい。うーん。

向かったのは昌徳宮（チャンドックン）。李朝時代に建てられた王様の離宮である。かの豊臣秀吉の

昌徳宮の観光は、基本的にはツアー形式となっている。日本語ガイドについて、グループで決められた順番に見どころを回らなければならないのだ。ツアー形式が面倒くさい人は木曜に行くとよい。実は木曜のみ自由見学が解禁となる。集団行動が大の苦手な僕たちも木曜に訪れてみたのだが、入り口でかなり詳細な案内冊子(日本語)をもらえるので、ガイドがいなくても自力で十分に見て回れると思った。

入場料は1万5000Wと若干お高めである。チケット売場で並んでいると、僕たちの前にいたオジサンが勘違いしたのか1500Wを払おうとして、違うと言われていた。思わずひとケタ間違えてしまう気持ちはわからないでもない。

敷地内はかなり広く、都会の喧噪がウソのようにのんびりとした雰囲気。巨大な建造物の数々に圧倒されつつ、色とりどりの花々に癒されつつのそぞろ歩きはなかなか心地よい。フォトジェニックな景観に、撮影欲も掻き立てられる。

昌徳宮から通りを1本挟んだ側にあるのが、もう1つの世界遺産・宗廟(チョンミョ)だ。2つの世界遺産がここまで隣接しているのも珍しいが、ここも同じく李氏朝鮮時代に建てられたもの。王族を祀った廟で、正殿に規則正しく立ち並ぶ赤い柱と、その前に広がる大きな広場が圧巻である。

建物のつくりなどは昌徳宮と似通っていて、あえて正直なことを言えば、連続して見学すると少々ダレるかもしれない。とはいえ、世界遺産だし……と観光モチベーションを高めたうえで訪れたなら、きっとそれなりに楽しめると思う。

(吉田)

5大王宮を制覇してみる？

ソウルにある李朝時代の歴史的建築物については次のページでも紹介しているが、これらは5大王宮とされている。本書中に出てくる昌徳宮、景福宮、徳寿宮に加え、昌慶宮(チャンギョングン)、慶熙宮(キョンヒグン)の5つである。昌慶宮は世界遺産・昌徳宮のすぐそばにあるが、慶熙宮のみやや離れた西大門という駅の近くだ。とことん歴史づくしの旅にしたいなら、5大王宮を制覇してみるのもよいかもしれない。

昌徳宮
[チャンドックン]

●MAP　P27-C-1
●OPEN　9:00 ～ 18:00 (11 ～ 2月は17:00まで)

宗廟
[チョンミョ]

●MAP　P27-C-1
●OPEN　9:00 ～ 18:00 (土日は19:00、11 ～ 2月は17:30まで)

[衛兵交代式]
王宮前で繰り広げられる時代劇コスプレは楽しんだ者勝ちの撮影大会

　前ページで紹介した世界遺産2つのほかにも、ソウルには歴史的建造物が結構多い。それらの特徴としては、李氏朝鮮時代に建てられたものという共通点がある。5世紀以上にもわたって続いた王朝が李氏朝鮮であり、ソウルはその都として栄えてきた街。買い物やグルメだけではなく、この国の歴史や文化に触れてみたいという旅行者にとっては、いずれも興味深いスポットだと思う。

　そんなソウルでの歴史観光のハイライトの1つに、衛兵交代のセレモニーというのがある。完全に観光客向けのパフォーマンスではあるが、李朝時代をわかりやすく体験できるので、ミーハーな旅行者としてはやはり押さえておいて損はない。日本の日光江戸村じゃないけれど、割り切って楽しんだ者勝ちな世界なのだ。

　衛兵交代式でもっとも有名なのは、景福宮（キョンボックン）で行われるものだと思うが、実はほかの場所でもあちこちで行われているようで、僕も街歩きの途中で偶然に出くわしたことが2度ほどある。

　たとえば、街の中心に位置するソウル広場のすぐそばにある徳寿宮（トクスグン）。平日の昼間にはスーツ姿のビジネスマンで賑わういわゆるオフィス街であるが、こんなところでも時代劇さながらのコスプレ衣装（!?）を身にまとった衛兵が突如ドカドカと登

場してきて、それと知らないと結構ビックリさせられる。見物している人だかりの中には、明らかに観光客な感じの外国人（とくに日本人）が多いが、場所が仕事途中にたまたま通りかかった風のソウルっ子もちらほらいて、おおっと思ったのを覚えている。

ちなみに徳寿宮の中には、西洋式の建物や東洋西洋折衷式の建物などもあって、ほかの李朝関係の宮殿類とはひと味違った独特の趣があるので、時間があれば立ち寄ってみるのもよいだろう。

話が前後してしまったが、前述した景福宮での衛兵交代式について。景福宮はいわゆる王宮で、ここは世界遺産でこそないものの、ソウルを代表する観光スポットだ。巨大な興礼門の前で行われる衛兵交代式は、1日に数回、時間が決まっているので、事前に観光案内所などで確認するとよいだろう。時期によって時間はまちまちだから、ガイドブックに書いてある情報は参考にはならないので注意したい。

時間になると、20人近くの衛兵たちが門の前の広場へダーッと出揃う。ノスタルジックな建物をバックに、大きな旗や槍を持った衛兵がずらりと並ぶさまはなかなか壮観で、ついつい写真をバシバシと撮りたくなる。というより、衛兵たちのほうもキホン無言でその場所に立ちっぱなしで、「さあどんどん写真を撮ってください」とでもいった感じのオーラが全開。

銅像のようにピクリともしない衛兵たちの真横にピタッとくっついて、衛兵と一緒に記念写真に収まっているチャッカリ観光客も多い。遠慮は無用。まるで撮影大会みたいでおかしいけど、観光客としてはこれはこれで楽しいのである。（吉田）

景福宮
［キョンボックン］
●MAP　P27-C-1
●OPEN　9:00～18:00（5～8月は～19:00、11～2月は～17:00）

徳寿宮
［トクスグン］
●MAP　P27-C-1、P29-B-1
●OPEN　9:00～18:00（土日祝は～19:00、11～2月は～17:00）

[Nソウルタワー]

もはや定番・Nソウルタワーの新しい楽しみかたとは?

まだここが南山タワーと呼ばれていたころ、タワーに続く道路の傍らにはあちこちに恋人たちを乗せた車が止まっていた。夜景を見ながら車中デートができる、夜のデートスポットのひとつだったのだ。

ところが、2005年に「Nソウルタワー」と名称が変わってリニューアルされてからは、そんな光景は見られなくなった。環境保護の一環から交通規制が厳しくなってしまい、一般車両は通れなくなってしまったからだ。観光客も個人で行く場合、以前はよく一般タクシーで行っていたが、今では料金の高い模範タクシーでしか行けなくなった(外国人を乗せた場合のみ通行可能)。

もちろん、タクシー以外にも行く方法はある。シティーツアーバスに乗っても行けるし、忠武路(チョンムロ)や梨泰院(イテウォン)から出ている循環バスに乗っても行ける。中でも一番楽しい方法は、一般タクシーでケーブルカー乗り場まで行き、ケーブルカーに乗って上まで行く方法だと思う。韓国人の中には階段を歩いて上るつわものも多いが、上と同じなので体力に自信のない人はやめたほうがいい。私も一度経験があるが、のぼりつめたころには、クラゲ状態になっていた。

せっかくNソウルタワーに行ったなら、やはり展望台には上りたい。360度の

パノラマが楽しめる展望台の窓枠の上には、世界の都市がどの方向にあるか、都市名も書かれている。東京方面を見ながらもの思いにふけるのもいいだろう。ただ、私も先日昼間に、久しぶりに展望台に上ってみたが、ちょっと退屈だった。ヨーロッパのように独特な建築物が多いわけでもなく、日本で見る風景とさして変わらないからだろう。次は夜に来ようと思った。夜景の美しさは目を見張るほど。

少し奮発できるなら、「n・GRILL」という回転式レストランに行くといい。高級感あるインテリアと雰囲気で、プロポーズの場所としてもポピュラーな場所だ。2時間で一周する間に気づくと眼下の風景が変わっているので、ソウルの夜景を満喫できる。だが、ステーキのお味は高いわりにイマイチだ。また、回転しているため、気持ち悪くなってしまった人もいるので、三半規管の弱い人は要注意だ。週末や祝日は予約しないと席がとりづらい。

昼間の見どころといえば、「武芸24技」。月曜日以外の毎日午後3時に、タワー前の八角亭（八角屋根の建物）の広場で行われている宮廷武芸だ。李氏朝鮮時代の軍服を来た12人が10種目もの武芸を披露する。時代劇でしか見られなかった武芸が間近で見られるチャンスだ。30分間のショーが終わると撮影タイムがあり、一緒に写真を撮ることができる。イケメンも多く、市民はもちろん外国人観光客にも人気だ。

また、2008年末に新しくできた「テディベア・ミュージアム」は、300坪という敷地を誇り、過去から現代までのソウルの歴史的事件を、千匹あまりのテディベアが主人公になって再現している。ものすごく可愛いので、ぜひ一度見てもらいたい。ショップでは、テディベアを買うこともできる。

---

n・GRILL（タワー5F） ［エヌ・グリル］
● ✆ 02-3455-9297,9978
● OPEN 11:00～14:00 / 17:00～23:00（土日祝11:00～23:00）
● アクセス P（プラザ）0階展望台エレベーター乗り場から

テディベア・ミュージアム ［TEDDY BEAR MUSEUM］
● ✆ 02-3789-8488
● OPEN 10:00～22:00（発券終了21:00）
● アクセス P（プラザ）0階展望台エレベーター乗り場隣の展示館

Nソウルタワー展望台
［エヌソウルタワー チョンマンデコ］
● 住所 龍山区龍山洞2街山1-3
● MAP P27-C-2
● ✆ 02-3455-9277,9278
● OPEN 10:00～23:00
● アクセス 地下鉄4号線「明洞駅」3番出口を出て左を向き、パシフィックホテル方面に向かう。ホテルに向かって左側を上り、坂道を上って山道に出たら右に進む

[清渓川(チョンゲチョン)]

復元された都会のオアシスで夜のそぞろ歩きを楽しもう

40年もの間、地に埋まっていた清渓川(チョンゲチョン)が、2003年、ついに復元された。朝鮮時代からずっと市民と生活をともにしてきた川であるだけに、喜びもひとしおだろう。李明博(イミョンバク)氏が大統領になれたのは、ソウル市長時代に清渓川を復元させたからだ、ともいわれている。当初は賛否両論あったが、自然の少ないソウルで都会のオアシスを味わうことができるのはステキなことだと思う。

地下鉄1号線「市庁(シチョン)」駅4番出口を出て直進すると、まもなく右側に巨大なうずまきのオブジェが現れる。ここが清渓川の始まりだ。このオブジェが置かれた広場は東亜日報社屋の前にあり、ヨーロッパ風石畳となっている。この日は、仏様の誕生日が近いため、川の真ん中に数十個の大きなオブジェが飾られていた。この広場では、何かあるごとに、しょっちゅう、いろんなイベントが行われるので楽しい。

そこから左側の階段を下り、川を右手に見ながら歩く。ぽかぽかと晴れた土曜日の午後は散歩日和で、いろんな団体の姿が見える。紺色のスーツを着たおじさんたちが2～3人で群れて歩く姿は、いささかこっけいだ。

清渓川には22の橋がかかっていて、それぞれに名前がついている。スタート地点にかかっているのが毛塵橋(モジョンギョ)で、最後が古山子橋(コサンチャギョ)。全長5.3キロと長いので、中間

いろんな橋がある！ 見比べてみよう！

三一橋(サミルギョ) ・ 世運橋(セウンギョ) ・ 毛塵橋(モジョンギョ)

に当たる五間水橋(オガンスギョ)までを歩くことになる。エリア的には、光化門から東大門まで、2.7キロを歩くことになる。

清渓川の見どころは、まずは2番目の橋、広通橋(クァントンギョ)。朝鮮時代、都で一番大きな橋だったこれは、59億Wをかけて95年ぶりに復元されたものだ。タプコル公園や昌徳宮に散らばっていた広通橋の部材をもとに、足りない部分は似た石材を用いて作られた。といっても、何てことはない普通の石橋だ。

長通橋(チャントンギョ)付近には、左側に壁画が飾られている。還暦を記念して、父親の葬儀が行なわれている華城(ファソン)(今の水原)に向かう行列の様子を描いたものだ。写真1枚に収まらないくらい、壁画は長い。レプリカだが、実物と同じサイズだ。当代きっての画家たちが描いたもので、1779人の人物と779頭の馬が細かく描写されている。本当によく描ききったものだと感心してしまう。

長通橋を過ぎると、右手に小さな滝が見えた。川の中には大きな岩石が円を描くように置かれていて、岩石の表面にはセンサーのようなものが埋め込まれている。夜になるとここから赤や青の光を放つのだろう。夜にぜひ来たい場所だ。

そして、水標橋(スピョギョ)。正月、秋夕(韓国のお盆)など、朝鮮時代に王が先祖を祀りに行く時に必ず通ったという橋だ。今の橋はもちろん本物ではないが、実際にあった位置に作られているとのこと。この橋は涼しげで、なかなか美しいデザインだ。鯉やメダカのような小魚を水中に見て、時にはカモが泳ぐのを眺めながら、いつのまにか五間水橋に到着。見上げると東大門のファッションビルや市場の建物が並んでいる。帰りは東大門でショッピング、なんてのもいいかもしれない。

橋と橋の間にはアートなオブジェも

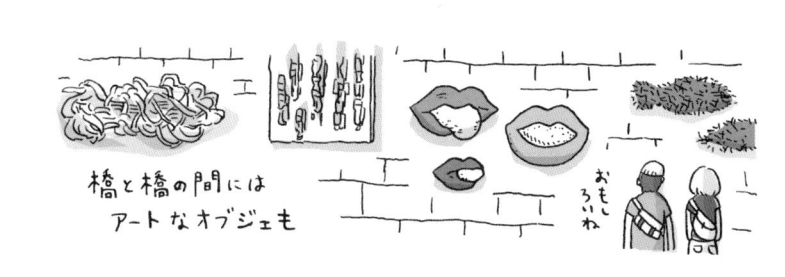

おもしろいね

[キムチ作り体験]

楽しみにしていた初の自家製キムチ
その味は私じゃなく別の物が堪能することに……

韓国と言ったら、やっぱりキムチ。せっかく来たからには、食べるだけじゃ能がない。なんなら作っちゃおう！ と、キムチ作りのイロハを教えてもらうために、韓国伝統文化体験に参加することにした。集合時間は午前11時。所要時間1時間って聞いたけど、1時間なんてあまりにも短すぎるよなぁ〜。しかも、伝統茶を飲んで、キムチを作り、チヂミを試食と、内容も結構満載。そんな短い時間で本当にキムチが作れるの？ でも、そんなにカンタンならやっぱりチャレンジしない手はない。

李さんの家は、韓国伝統の建築様式で作った韓屋（ハノク）という上流住宅。「背山臨水」という言葉に表されるように、後ろには山、前には水が流れるという配置で、冬には厳しい寒さをしのぐためのオンドルや、夏の通風のため広く取られた広間である大庁と呼ばれるスペースがある。

白菜のキムチ作りがいよいよスタート。キムチはやはり匂いがあるので、風通しのいい大庁で行うようだ。大きなたらいや包丁、まな板、エプロンなど道具や素材はすべて用意しておいてくれるので、習うこちら側はとってもラクチン。李さんの親せきで、キムチ作り四十数年というオモニの指示に従って、まずはエプロンを付

韓国伝統文化継承者である李相美さんの家「サランチェ李家」で行われる。

けて正座。キムチのウンチクを聞く。キムチの基本となる白菜の塩漬けから手がけると思いきや、白菜は李さん一家ですでに昨晩から仕込んでおいたとのこと。
「キムチ作りは漬ける作業そのものよりも下ごしらえが大変なの。特に、白菜の塩漬け。これでおいしいキムチになるかどうかが決まるのよ。今は時間のない主婦のために、市場に行くと塩漬け白菜も買えるので、今日はみなさん、時間のない主婦になったつもりでキムチを作っていきましょう！」と、李さん。

最初は韓国大根の千切り。時間短縮のために千切り器が最近の若い主婦の間で流行しているとのこと。今回私たちは時間のない主婦という設定なので、千切り器で行う。今度は薬味作り。大根の入ったたらいにニンニクのすりおろし、ショウガのすりおろし、あみの塩辛、唐辛子パウダー、ナンプラー、砂糖、もち米のり、白ゴマを加えていく。そしてそれらを混ぜるだけ。さらにオモニが梨のスライス、ニラ、小ネギをたらいに適量加えてくれるので、さらによく混ぜ合わせる。私たちの作業はひたすらビビムビビム。次に昨晩塩漬けにしてもらっていた白菜4分の1をたらいに入れ、さっきの薬味を白菜に塗り込み、白菜の葉1枚1枚の間に挟んで完了。時間にして10分程度。あっけなく終わってしまった。なんだか拍子抜け。韓国では白菜の塩漬けさえあれば誰でもできるのだそう。

その後は真空パックにしてもらい、持ち帰るだけ。すぐに食べるよりも3日くらい寝かせた方がおいしいとのこと。ちょうど日本に帰る頃が食べ頃。

ところが、である。真空パックにしてもらっていたのに、スーツケースの中で袋が破裂。無残にもキムチ浸しである。その強烈な匂いは今もとれずにいる。（鈴木）

サランチェ李家
［サランチェ　イガ］

- ●住所　鍾路区渓洞78-1
- ●MAP　P27-C-1
- ●℡　02-744-7470
- ●料金　4万W
- ●アクセス　地下鉄3号線「安国駅」から徒歩で約5分

[クラフト体験]
糸が針に通らない！ 泣くに泣けない自分の老化を知ってしまった悲しい瞬間

私は別にクラフト好きではない。見たり買ったりするのは好きだが、よほどのことがない限り自分でやろうとは思わない。だって、学生時代の家庭科の成績は2だったし（苦笑）。しかも、母方の祖父母がテーラーをやっていたのをいいことに、裁縫の課題はほぼ祖父母に押しつけていたので、情けないことに今でもボタン付けがろくすっぽできない。今となっては、ちょっと後悔しているけど……。

こんな裁縫オンチの私の心をくすぐってきたのが、ちょっとシャレた韓国の伝統パッチワークのポジャギ。洋服を作った時に出る端切れを組み合わせて風呂敷やランチョンマット、針山などを作る。仁寺洞（インサドン）などに行くと、お土産として店頭に並んでいたりするので、きっと見かけたことがある人は多いはず。手間ひまかかっているので、それなりの値段なんだろうなぁ〜と思うけど、5万W以上のものが多く、一貧乏観光客としては、欲しいけど高くてなかなか手が出せない代物。韓国在住の友人Hと仁寺洞をぶらついていた時、そんなことが口から漏れてしまったのだろう。

「なんなら自分で作っちゃえば〜？」と、間髪を入れずにHが言ってきた。

彼女が、仁寺洞にサロンを構える「架橋（カギョ）」という店に予約を取ってくれた。クラフト体験は随時受け付けており、1レッスン2時間。レッスン代2〜4万Wに材料

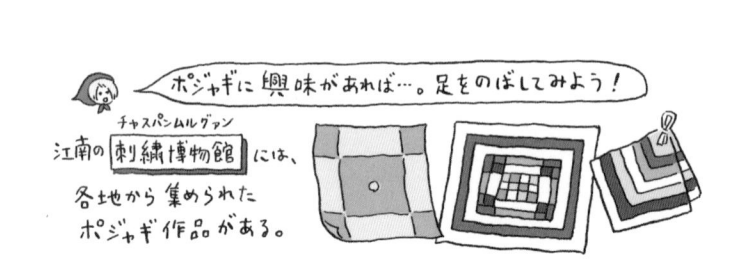

費が別途かかる。先生は日本語堪能で丁寧に教えてくれると評判だ。家庭科2、そしてボタン付けもままならない私だが、韓国伝統のパッチワークに挑んでみることにした。

まずはキット選び。私は自分の身の程を知っているので、一番やさしい四角い菓子置きを選んだ。2色の布を市松模様風に縫い合わせ、1枚のマットに仕上げるというもの。簡単なようだが、難しい。本番に入る前に、先生から今回の主要な縫い方・巻きかがり縫いの手ほどきをしてもらう。これが難しい。もともと大ざっぱな性格だからか、先生からは「豪快ですね〜。大きくて大胆でいいんですが、ポジャギはもう少し細かくきれいにです。はい、やり直しね」と、ダメ出し。しかも、糸が短くて針から何度も抜けてしまう。自分で針穴に糸を通さなければならないのだが、これがいくらやっても入らない。それが、針を遠くに持っていってやってみたらうだろう。ちょっと、待てよ！ちょっと、ちょっと！この言葉、自分自身に投げかけた。信じたくないが、老眼がきているらしい。ポジャギで自分の老化現象を目の当たりにしてしまった。その後気を取り直し、神経を集中させ作業を続けた。
「まぁ〜！こんなに細かくできるなんて人も変わるものね。アナタ、パッチワークに向いているのかもしれないわ」とのお褒めの言葉。褒められてうれしいが、神経がかなりすり減って疲れた。なんだかんだと、2時間はアッという間。結局、菓子置きは仕上がらなかったので、永遠チェックなしの宿題にされた。必要な糸や練習用の布、針などはもらって帰ってきたが、この宿題、仕上がるのはいつのことだろうと、自分の性格を知っているだけに恐ろしくなった。

（鈴木）

さらにポジャギに興味を持ったら…
韓国刺繍博物館
［サジョンチャスパンムルグァン］

● 住所　江南区論峴洞89-4
● MAP　P31-B-4
● ☎　02-515-5114
● OPEN　9:00 〜 16:00
● 日本語　通じる
● アクセス　地下鉄7号線「鶴洞駅」より徒歩5分。歯科医院の2F

架橋
［カギョ］

● 住所　鍾路区寛勲洞6-301
● MAP　P30-B-2
● ☎　02-720-0365
● OPEN　10:00 〜 19:00
● 料金　2 〜 4万W (材料費別途)
● 日本語　通じる
● アクセス　地下鉄3号線「安国駅」徒歩約8分

[シティツアーバス]
てっとりばやく名所をめぐるには便利 韓国のお上りさん観察も楽しい？

時間のない週末旅行をしていると、てっとり早く名所をめぐりたい、というときもあるだろう。そんなときにおすすめしたいのが「ソウルシティツアーバス」。1階建てと2階建ての2種類あり、昼と夜、運行している。昼はシャトルバスのように、王宮や繁華街などの観光名所で自由に乗り降りできる（30分ごとに運行、2時間で一周できる）。夜は夜景をバスから眺めるツアーになっていて、途中下車ができない一周コースだ。先日、このツアーを韓国人の友人と体験してみた。

私が乗ったのは、2階建てのナイトツアー（5000W）。18時半に切符を買いに行ったら、すでに座席は後ろの席しか残っていなかった。日曜日の夜にこれほど人が乗るとは、人気のツアーのようだ。それもほとんどが韓国人で、日本人は数人しかいない。私の予想していた、外国人向けはとバスもどきとは少し様子が違う。

このコースは、光化門を出発し、漢江沿いの道路を通り南大門循環路を経て戻ってくるという、約1時間の短いツアーだ。麻浦大橋付近になると自動的に流れるという、日本語の案内は、座席前に取り付けられた「通訳機」を通して聞ける。周りも同様のようで、バスが動きはじめると、乗客のあちこちから感嘆の声が漏れる。お上りさん気分が楽しい。2階席からソウルの街を見るのは初めてだ。

「夜景コース」のほかにもこんなコースがある♪ カラフル〜

都心循環コース
明洞などの繁華街、古宮、東・南大門市場など、定番スポットをめぐる。
■9:00〜21:00（1万ウォン）

清渓川＋古宮コース
古宮4つと、清渓川沿いをめぐる。
9:00〜18:00
12000ウォン（往復）
7000ウォン（片道）

私の後ろに、20代後半のカップルが座った。つきあいたてらしく女が男に甘えた声で語りかける。「孔徳駅なんていう駅があるのね」と言うと、男が「麻浦（マポ）にある6号線の駅だよ」と説明する。「こんな駅まで知ってるなんて、オッパ（彼氏のこと）って物知りね」と感心した様子だ。いや、外国から来た私でも知ってるぞ。大きなビルの前では、「何の建物かしら」と女が聞く。男が説明すると、女が褒めたたえる。看板を見ればわかるのに。聞いているこちらが照れてしまう。

漢江のナイトツアーは結局、夜の橋を見るツアーだった。漢江には多くの橋がかかっていて、それぞれ形や照明が異なる。「男性らしさを表現した橋がいいの？」と聞くと「どうかな」と言われ「あれが韓国の希望の光？」と聞くと「らしいね」と言われる。韓国人も結局、知らないんじゃないか！

バスは、漢江の左を走ったり、橋を渡って右を走ったり、まっすぐ走っているかと思うと突然ぐるりと回ったり。同じところをぐるぐる回っているみたいで面白い。通訳機の説明が、突然、聖水大橋の前で途切れた。1994年、突然崩れ落ちた橋だ。でも、隣で韓国語バージョンは流れている。どうも、日本語だけが流れないようだ。事故のあった橋だからか？　突然説明が消えたら、怖いよ……。

バスはNソウルタワーを見ながら南大門の前を通り、無事に光化門に到着。1時間なんてあっという間だ。女が例のごとく、「コリアナホテルなんてあるのね」と言うと、男が「朝鮮日報系のホテルだよ」と教える。女の目がきらきらと、尊敬のまなざしに変わっていた。

ソウルシティツアーバス
[SEOUL CITY TOUR BUS]

● ☏　02-777-6090
●**営業**　　月曜休
●**日本語**　通じる

[西大門（ソデムン）刑務所歴史館]

日韓の歴史に触れるには、一見の価値がある
しかし、1人で行かないほうがいい

零下10度という寒さのせいだろうか、それとも朝っぱらからこんな所に来る人などいないのだろうか？ とにかく、人の気配がない。1人で来るんじゃなかった、と深く後悔した。

地下鉄3号線「独立門」駅に降り立つと、「独立宣言」の長い長い石碑が壁に貼られている。ここからしてすでに、日本から来た我々は罪人の気分になる。

西大門（ソデムン）刑務所歴史館は、日本の植民地時代に独立運動家たちが投獄・監禁された刑務所の建物を利用して、当時の取り調べ、拷問の風景を展示する博物館だ。

門をくぐって最初に現れた建物は、普通のビルと変わらない外観の歴史展示館。「閲覧順路」と書かれた看板に従って進んでいく。2階の展示室は、独立運動家の写真や説明、遺品などが展示されているだけだが、シーンと静まり返っているのが非常に不気味だ。監視員さえいないので、私の足音がこだまする。

出口付近に再現された独房がある。どうなっているのかと中をのぞくと、薄暗い中に人形が座ってこちらを見ていて、思わず腰を抜かしそうになった。

地下1階は、独立運動家たちの取り調べや拷問が行われた地下監房。張り詰めた空気の中、拷問の様子を見ようと部屋に近づくと、突然大きな音が鳴り響く。心臓

七棟の監獄、拷問室…と、見どころは多い。

どうせ見るならじっくり見たいよね

が飛び出しそうだった。人の気配で反応するセンサーがついているのだろう。その後は、いつ音が鳴るかも知れぬと、一歩ずつ心して歩く。性拷問や水責めの拷問など、数々の拷問を見ながら、ろう人形のリアルさに感心した。焼けただれた肌、だらだらと流れる血。ちょっと怖い。というか、誰もいない分、ものすごく怖い。

次は獄舎に向かった。刑務所を生で見るのは初めてだったが、監獄がズラッと並んでいるのを見て「こんなものか」という程度にしか感じなかった。後ろでバタン、と大きな音がしようとカメラのシャッターを押そうとした瞬間だった。写真に収めようと縮み上がった。見ると、事務室のドアを開けて2人の館員が出てきた。

「おじさん、突然、ドア開けないでくださいよ。怖いじゃないですか」

文句を言うと、「誰もいなくて怖いかね」と言い、笑って行ってしまった。

工作舎は「投獄者たちを強制動員した作業場」という説明が書かれている。ここにも恐る恐る足を踏み入れる。ツメ刺し拷問や、電気拷問が体験できるそうで、「ここに頭を入れてください」と書かれている。何が起こるのか気になったが、1人では拷問を受ける気にもなれない。私、ホントに怖いのよ〜〜!

何度も驚いたせいか、不謹慎にもお化け屋敷に入った気分だった。いや、真夜中の墓地、と言ったほうが適切かもしれない。

獄舎の外に出ると、周りの高層マンションと遠くに山々が見えて、やっと気分が落ち着いた。ずっとビクビクしていたせいだろう。レンガ色の石畳を踏みしめて出口を出るときには、囚人の面会に来た家族のような気分になっていた。

....

西大門刑務所歴史館
[ソデムンヒョンムソヨクサグァン]

●**住所** 　西大門区峴底洞101
●**MAP** 　P27-C-1
●☎　02-363-9750,9751
●**OPEN** 　9:30 〜 18:00 (11 〜 2月は17:00まで)
●**アクセス** 　地下鉄3号線「独立門駅」5番出口を出てすぐ

[エンターテインメント]

3回見ても面白い「ナンタ」で世界の共通言語を知る

「パンシ～ク」というセリフとしぐさが、今も耳に残っている。「半分ずつ」という意味で、劇場の支配人が観客を半分に分けるときに使った言葉だ。街頭で、また友人との会話の中で「パンシク」という単語を聞くと、ふと「ナンタ」を思い出す。

「ナンタ」とはタレントのソン・スンファンが作った、韓国の伝統ある「四物ノリ（サムルノリ）」（民俗楽器で演奏される音楽）」のリズムをもとに、料理人たちが調理器具で四物ノリ風に演奏するパフォーマンスである。私はこれを3回見た。日本から遊びに来る友達のつきあいで見たのだが、何回見ても面白い。

「ナンタ」は、ただ見ていればいいだけの劇ではない。観客も劇の要素になっている。たとえば、マンドゥ（餃子）作り競争が行われると、観客の中から選ばれた2人がマンドゥ作りに参加する。舞台に立った観客の、その当惑ぶりが面白い。言葉が通じないから、おろおろして身振り手振りで表現する。私がもし舞台に立ったとしても、やはりああしてとまどうだろうなあと、自分に置き換えて見てしまう。観客参加型の劇でこれほど楽しいものはめったにない。

冒頭で述べた「パンシ～ク」というセリフは、支配人が腰を落として相撲の行司（ぎょうじ）のようなポーズをとる。ポーズ自体も印象的だったが、何より彼の表情がいい。困

ナンタは「乱打」と書き、文字通り、「打ちまくる」という意味

ったような怒りそのものの顔をして真剣そのものだから、見ている私たちはつい笑ってしまう。観客を半分ずつに分けて敵味方に分けるあたり、人間の競争心をうまく利用していると思う。私もついのせられて、舞台上に現れた我ら代表を、拳を握って応援してしまった。3回も見に行った私でさえ、何度見ても興奮してしまうとは、さすが、韓国を代表するパフォーマンスである。

ストーリーは実に単純だ。大きな厨房を舞台に、4人の料理人が登場して結婚披露宴のための料理を作る。その過程で、各種厨房器具、つまり鍋、フライパン、皿などをもって四物ノリを演奏する、というもの。時にはさぼりながら、時には真剣に、そして楽しく料理を作る。各国の観客が一緒に笑うのを見ると、世界の共通言語はこういうものなのかなあという気がする。

ナンタは、当初から世界市場を目標に作られた作品だった。狭い韓国市場だけでなく、無限の可能性がある海外でも通じる公演にすることを目標に作られたのだ。

ナンタの成功により、韓国には「ノンバーバル・パフォーマンス」と呼ばれる、言葉を介さない劇がたくさん生まれた。たとえば、「トケビ・ストーム」がその代表。トケビとは、韓国のお化けのことで、この劇は、韓国の伝統的な「トケビ」と四物ノリを現代風にアレンジしている。

ほかにも、テコンドーなどの武芸をベースにした「JUMP」やブレイクダンスの「BREAK OUT」「B-BOY」、美術公演の「ドローイング・ショー」など、言葉がわからなくても楽しめる公演がめじろ押しだ。

公演をストーリー仕立てにした「美笑」、パンソリなどの伝統を愛したバレリーナ「

目の前でアートが完成していく!
ドローイング・ショーは、世界で初めて美術を舞台の主役とした公演。絵が描かれていく過程を楽しめるマジックのような美術公演で、08年7月から大学路(テハンノ)で公演が始まった。想像力を刺激するパフォーマンス、目の前で繰り広げられるドローイング、物語とともに絵を完成させていくこのショーは、とても美しく、韓国人にも人気。大きな画用紙に水墨画や燃える南大門などを描くが、公演のたびに違う絵ができあがるのが面白い。

NANTA専用劇場
[ナンタチョニョンクッキャン]
●住所 中区貞洞22 京郷新聞社1F
●MAP P27-C-1
●☎ 02-739-8288
●OPEN 14:00〜、17:00〜、20:00〜 (月〜土)
15:00〜、18:00〜 (日祝)
●アクセス 地下鉄1・2号線「市庁駅」1番か12番出口を出て、ダンキンドーナツの間の道を入り、徳寿宮の石垣に沿って歩く。円形の音楽噴水の交差点を前方に進み、貞洞劇場を通りすぎる。

[ナイトスポット]

大人のソウルの愉しみかた
成人ナイトはブッキングが楽しい

ナイトは「ナイトクラブ」の略称。男女が出会いを求めて行く不健全な場所というイメージがあるので、それまで行ったことがなかった。

不謹慎な心のざわめきを胸に、鍾路（チョンノ）の繁華街で店を探して歩くが、見つからない。すれ違いざまに「ナイトー」と客引きが叫ぶが、どんなところに連れて行かれるか分からないし女3人では怖いので、遠くに看板の見える店に行くことにした。

道が分からずキョロキョロしていると、イケメン2人に「どこをお探しですか？」と声をかけられた。すかさず「ナイト」と答えると、「それなら新村（シンチョン）に行ったほうがいい」と言われた。彼らがいう新村のナイトとは、若い人が行くディスコのことだ。音楽とダンスを楽しむために行くところで、私たちが行こうとしている、中高年向けの不純な「成人ナイト」とは質が違う。

「それは若い人たちが行くナイトだよね？　私たちでも大丈夫？」と聞くと、頭からつま先までなめるように見てから「無理だね」と納得されてしまった。「あそこはどう？」遠くに見える「国一館（クギルグァン）ナイト」という看板を指さして聞く。看板を見ても名前を見ても、どう見ても成人ナイトだ。彼らはためらいもせず、ひと言。「あなたたちの年齢にピッタリの場所」。ううっ、そんなに老けて見えたのだろうか。

「ナイト」はひと昔前のディスコのイメージ

恐る恐る受付で初入店の旨を伝えると、すぐに「テジ（豚）」と名乗るウエイターが担当についてくれた。「チョ・ヨンピル」や「パク・チャノ」など有名人の名前や、「小学生」「お子ちゃま」など、ウエイターは覚えやすい名前をつけている。私たちは案内された席につきメニューを見ると、ウイスキーが10万W以上もする。女性はひとテーブル当たり3万8000W、男性はそれより1万W程度高く、果物とビールがセットになっている。チップ1万Wを含めて3人で割れば、1人2万W弱で遊べる計算になる。ビールを飲んでしばらくダンスをする人たちを眺めていると、突然、ウエイターが手を引いて違う席へ連れていこうとした。ブッキングだ！ ひと言でいえば合コンである。韓国で成人ナイトといえば、ブッキング目的で来る人がほとんどなのだ。連れていかれた先は、男性5人で来ていたテーブルだった。私はそのうちの1人と同じ年だったせいもあり、すぐに意気投合したのだが、ロマンチックなムードはまったくない。ガンガンと鳴り響く音楽がうるさすぎて、話もしにくい。友人の1人は韓国語がまったくダメなのに、日本語がまったくできない45歳の男性に気に入られてしまった。話を聞くと、バツイチ2人の子持ち。江南で不動産会社を経営している、お金持ち。とはいえ、気乗りしないのに電話番号を求められ、その執着の激しさに友人はまいってしまい、午前2時、私たちはナイトを後にした。普通は仲良くなった男性たちと二次会に行くものらしいが、結局、収穫ゼロ。あー、残念、と思いきや、なぜかウエイターたちに飲みに誘われて、2時半に仕事の終わったウエイターのおごりで飲み明かしたのだった……。

いわゆる「クラブ」に行きたいなら？

ナイトは日本のディスコに当たる。踊りだけでなくブッキングが目的で行く人が多く、若者向けと中年の行くナイトは住み分けができている。一方、「クラブ」は日本のクラブと似ていて、若い人が中心の酒場だ。クラブごとに流す音楽の趣向が異なるので、クラブのはしごをしても楽しい。弘大では毎月最終週の金曜日にクラブデーと称して、最初に入ったクラブで手首に入場券を巻いてもらえば、飲み物一杯が付いて、いろんなクラブに入り放題だ。

国一館ナイトクラブ
[クギルグァンナイトクラブ]

● 住所　鍾路区観水洞20　国一館ドリームパレス10階
● MAP　P27-C-1
● ☎　02-3158-3392
● OPEN　19:00 ～ 2:00
● アクセス　地下鉄1・3・5号線「鍾路3街駅」15番出口を出て1つ目の大きな交差点を左折した左側

きれいなトイレを使うには？　韓国トイレ事情　column

　韓国のトイレは概して汚い。小さな食堂や居酒屋などはたいてい店内にトイレがなく、ほかの店と共同でビルのトイレを使うことになるのだが、何度も行くのはためらわれるほどの汚さとにおいだ。

　特に、公衆トイレはひどい。地下鉄駅のトイレは、駅によってはましな所もあるが、ひどい所になるとあちこちにつばきの跡があり、汚物が飛び散るなど、すさまじい状態だ。新しい路線に行くほどましになり、7号線くらいの駅のトイレとなると、ほかの路線に比べてずっときれいだ。

　それでも、ひと昔前に比べれば、トイレの清潔さもずっと向上した。高級レストランや大手企業のオフィスビルなどは、日本人でも感心してしまうほど清潔なトイレもある。

　きれいか汚いかはさておき、韓国のトイレを使うときに知っておきたい点がある。

　共同ビルのトイレを使う場合は、店でトイレの鍵を借りなければ使えないことが多々ある。オープンにしていると、外部の人たちに自由に入ってきて使われるので、イヤなのだろう。店の人にトイレの場所を聞くと、鍵が必要な場合はそのときに貸してくれる。

　せっかく鍵を借りていっても、トイレットペーパーがないことも多い。店の入り口に置かれているペーパーを手にくるくる巻いてもっていこう。公衆トイレなどは、トイレットペーパーが個室の中に備え付けられておらず、洗面台のそばや入り口付近にある場合も多い。人が並んでいるときは、まずどこにペーパーがあるかを探し、先に使う分だけ切り取ってから列に並ぼう。

　韓国の和式（韓式？）トイレは、日本と座る方向が逆だ。日本はドアに背中を向けるが、韓国は顔を向けて用を足す。おばちゃんたちは鍵をかけていないことがよくあるので、目が合った瞬間は何とも気まずい。ノックするほうが賢明だ。

　ただ、韓国人は誰かがトイレに入っているのがはっきりわかっていても、よくノックする。これは「入っていますか？」という意味よりも、たいていは「早く出ろ」という意味合いが強いことも念頭に置いておくとよい。

　女性が人前でタバコを吸うのは恥ずかしいと思われている文化のせいか、喫煙女性はトイレの中でタバコを吸う。個室が1～2個しかなく、人々が列を成して待っているのに、モクモクと煙が立ち上るのが見えると腹が立つ。そんなときこそ、ノックでせかすのだ。

　トイレはよく詰まるので、使い終わったトイレットペーパーを便器に流してはいけないことになっている。必ずくずかごに入れるようにしよう。もちろん、ホテルの部屋ではその必要はない。

　街を歩いていてトイレに行きたくなったら、スターバックスやコーヒー・ビーンなど、大手コーヒーチェーン店のトイレを借りるのが一番いい。コーヒーを飲まなくても貸してもらえるので、ためらわずに借りよう。たいていは店の2階か3階にある。

　以前は、女子トイレの隣の個室から手鏡でのぞかれたり、隠しカメラが置かれていたりといった事件がよく起こった。だから、今でも私は、ドアが意味もなく閉まっている個室の隣は使わないようにしている。最近はトイレが犯罪の温床になることは少ないが、あまり人けのないトイレは避けるのが賢明だ。

第3章

週末だけでも意外と行ける！

郊外観光編

[利川陶芸村(イチョン)]

掘り出し物を探すのが醍醐味
韓国の益子でお気に入りを探す

とある土曜日、友人たちと利川に行くことにした。利川はソウルから約1時間で行ける、陶芸の街。市街から4キロ離れた「利川陶芸村(イチョン)」では、窯元と陶器の店が軒を連ね、比較的安く買うことができる。いわば韓国の益子だ。

この日は2年に一度の陶器の祭典「陶磁器ビエンナーレ」が開幕したせいか、バスの乗車率はなんと100%。あと一歩遅かったら、乗れないところだった。

利川に到着し、ビエンナーレの会場へと向かう。ビエンナーレの会場を地元民に尋ねると、彼らもよくわからないらしく、「近いからタクシーに乗れ」と言われた。タクシーで10分、3000W。確かにこれなら、タクシーを使ったほうがいい。

ビエンナーレの会場は、前にこぢんまりとした湖水の広がる雪峰公園だ。普段は市民の憩いの場となっていて、ビエンナーレのない年も、1年に一度、この時期に陶磁器祭りが開かれる。

常設展示館には、ステキな陶磁器が山ほどある。私の目に留まったのは、白地に桃色の花の柄の皿だ。可愛いなと思い、ふと隣を見ると、そこには同じ模様のぐい飲みが、その隣には急須セットがあった。同じ模様の陶器が次から次へと現れて、「なあんだ、大量生産か」と少しがっかり。これならソウルに戻っても買えそうだ。

タイン工房（利川陶芸村内）
[Dain Gonbang]
● 住所　京畿道利川市沙音洞532
● ☏　031-636-0296

プルグンヨウ（利川陶芸村内）
[Bulgun-Yeou]
● 住所　京畿道利川市沙音洞512
● ☏　031-635-1288

利川陶芸村（沙音里）
[イチョン トイェチョン（サウムリ）]
● 住所　利川市新屯面
● アクセス　ソウルの江南高速バスターミナルか東ソウルターミナルから利川の市外バスターミナルへ（約1時間）。そこから114番広州行きバスでサウムリサギマッコル下車

テント張りの展示室には、陶芸村から出張してきたお店が軒を連ね、一度にいろんな作家の作品を見ることができる。価格も普段より安く設定されている。

会場を出て、陶芸村へ行く。小雨が降り出し、肌寒くなった。ビエンナーレのせいか、陶芸村には人っ子一人いない。ゆっくりお店を見られるチャンスだ。

村の奥の店から見よう、ということで、「プルグンヨウ」という店に入る。日本語では「赤いきつね」だ。上品な店主が温かいそば茶を一杯、差し出してくれた。そばの実がたっぷり入っていて、何とも香ばしい。

店をさっと見てから、次の店へと向かう。そこで見つけた石のしゃもじは、翡翠のようにつややかで手触りがいいのに、たったの6000Wだった。ものすごく欲しかったのに、店の奥に何度声をかけても、店主は現れなかった。

村の入り口の近くにある「タイン工房」は、シンプルなのに味のある器が多かった。女性の作家の作品だそうで、全体的に繊細な感じがする。壺が欲しかったが、持ち帰ることを考えたら、やっぱり小さな作品しか買えないな、と思った。

利川で出会った「これは欲しい！」陶器ベスト8

① コーヒーカップ
取っ手の代わりにぎざぎざがついた不思議なデザイン。3万ウォン。

② 騎馬像
ドン・キホーテをほうふつさせるような騎馬像。馬とドンキが同じ顔。

③ うっしー
うちの犬のひっくり返ったのにそっくり。みんな「頭のない鶏」と言う。

④ りんごの皿
なめらかな手触りと温かみのある色合いで、飽きのこない一皿だ。

⑤ 茶器セット
茶器の中にカップが収まってしまうという優れもの。置物としてもステキ。

⑥ ビエンナーレ君
ビエンナーレ会場のシンボル。ビエンナーレ君のオカリナ。音もかなり美しい。

⑦ テーブル
陶器ではないが、我々の中では一番人気だった。ただし持ち帰るのが大変。

⑧ 陶磁器指輪
陶磁器で作った指輪は、一点ものばかりでおしゃれ。安くても味がある。

[北朝鮮国境ツアー]

板門店には行きそこなったけど脱北者の弾き語りに涙した日

板門店(パンムンジョム)に行くつもりで、ツアーを予約しておいた。ところが、日曜日の夕方、予約の確認のために電話を入れると、ツアーは板門店に行くツアーではないという。「板門店に行きたいんです」と言ったが、「月曜日は、板門店のツアーはありません」と断られてしまった。板門店自体が月曜日のツアーを受け入れないそうだ。

どこでどう間違ったのか、我々が行くのは「脱北者と行く月曜スペシャルツアー」になっていた。行き先は、天気がよければ板門店をのぞめる、烏頭山(オドゥサン)統一展望台と、統一の願いを込められて立てられた展望台・臨津閣(イムジンガク)と韓国の芸術家たちの共同体スペースである、ヘイリ芸術村。いずれも北朝鮮国境の近くにあるスポットだ。

脱北者と行くのなら面白いと思い、そのままツアーに参加を決めた。

朝の8時過ぎに明洞ロッテホテルに集合、ソウルから30分で、バスは展望台に到着した。バスにいる時から車窓を見ながら、「あれが北朝鮮?」などと、ツアー客がささやきあっている。神秘(?)の国、北朝鮮にはかなり関心が高いようだ。

オドゥ山展望台に着くと、まずは日本語のビデオを見て説明を受ける。展望台からは、北朝鮮が見ることができ、もともとは分断国家としての悲劇的現実を認識するために作られたものだそうだ。ビデオを見てから、北朝鮮展示室に向かう。北朝

オドゥ山展望台では北朝鮮のお酒や工芸・切手も買える。

鮮で使われている教科書や制服、一般家庭の様子が再現されていて、興味深い。黒板の上に、金日成と金正日の写真を掲げた教室にツアー客は座り、教壇に脱北者が立つ。一見、普通の韓国人女性だが、金賢姫にも似ていて、哀愁が漂う。

「私は北朝鮮から来ました」

北朝鮮なまりの朝鮮語を、ガイドさんが日本語に通訳してくれる。死にものぐるいで北朝鮮を抜け出してきた冒険物語に、日本人ツアー客は興味津々の様子だ。脱北者に会うなんて、めったにない機会だろう。

質問の時間になって、「北朝鮮にもテレビがあるか」「ネットは?」なんて質問が飛び交う。テレビは村に一台というくらいだから、パソコンなんてあるはずがない。このツアーの目玉は、恐らくこの「質問タイム」に違いない。

「あなたがこんな仕事をしていて、北朝鮮に残された家族は大丈夫なのか」と、核心を突いた質問も飛ぶ。「写真は撮ってもかまいませんが、ネットには載せないでください。北に残してきた家族が危なくなります」とガイドさんが通訳する。ツアー客の間に緊張が走る。

展示室を出て個人的に彼女に韓国語で声をかけた。「韓国語ができるんですね」と、ちょっと驚かれたが、みんなの前では話せない個人的なことをいろいろと話してくれた。このツアー会社から給料をもらって働いていること、展望台に来るたびに、北朝鮮のお酒や食べ物を買っていること。

お昼はプルコギを食べながら、今度は脱北者で元歌手という男性が、ギターの引き語りをしてくれた。「乾杯」を日本語で歌ってくれた時、なぜか涙が出そうだった。

脱北者と行く月曜スペシャルツアー

● ☎ 002-771-5593
　（板門店トラベルセンター・日本語可）
● 料金　6万6000W（昼食付き）　所要時間は8:30～15:00

[韓国民俗村]

大人も子供も楽しめる民俗村は1日たっぷり時間をとって遊ぼう

民俗村は、昔の朝鮮半島の生活が見られるテーマパークだ。22万坪の敷地に、伝統家屋や工房など、約300棟の建物と施設がある。1日いても飽きないほど、見どころが多い。子どもも大人も楽しめる、数少ない場所のひとつだ。

北部地方の民家、南部地方の屋敷など、地域別に建物が並んでいて、その家屋の中では、各種実演が行われている。お年寄りが、普通の生活の一部であるかのように実演しているため、一瞬、気づかずに通り過ぎてしまう。私が一番印象深かったのは、絹糸作りだ。釜に薪をくべて蚕をゆでる。数個の繭(まゆ)から出ている細い糸を1本の糸にまとめる作業は不思議で、目が離せなかった。

お化け屋敷の左手奥に、内子院を発見した。内子院とは、朝鮮時代に宮廷の雑用や王の付き人などをしていた「内侍(ネシ)」という宦官(かんがん)を養成する学校だ。ここは、ドラマ「王と私」の撮影地となった場所である。そういえば、民俗村では時代劇の撮影をよく行っている。以前、知り合いがドラマ「ファンジニ」を撮影中のソン・ヘギョを見かけたと言っていた。ここは、韓国版「東映太秦(うずまさ)映画村」みたいなものだ。

内子院は、テレビで見たものよりもずっと狭くて驚いた。ドラマではあんなに大きく見えたのに。卓上に置かれた「王と私」の台本を見たり、部屋のテレビから流

韓国民俗村
[ハングクミンソクチョン]

- ●住所　京畿道龍仁市器興邑甫羅里107
- ●☎　031-288-2116
- ●OPEN　9:00～18:00 (11～3月は～17:30)
- ●アクセス　地下鉄1号線「水原駅」下車。4番出口を出て振り返るとインフォメーションがあり、ここでチケットを購入すると、無料シャトルバスに乗れる。江南駅から5001-1番のバスに乗っても行ける

れるドラマを見たりと、ドラマの世界に入り込むのが楽しい。

ふと奥を見ると、衣装が着られるコーナーがあった。おじいさんが着付けを手伝ってくれながら、「実際にドラマで使われた衣装だよ」と言ったら、たいそう驚かれてしまった。「そのドラマ、私が日本語の字幕を付けたんです」と言ったら、たいそう驚かれてしまった。女性用の衣装はすでに出払っていたので、おじいさんは頭をひねったのち、内侍の衣装を着せてくれた。内侍は女っぽい人たちだったはずだから、私が着てもおかしくない。むしろ、すごく似合うとほめられてしまった。喜んでいいものやら。

市場の中に、お食事処がある。とりわけ、民俗村のドンドン酒はおいしくて有名だ。ドンドン酒はマッコリの上澄みの部分らしいが、ここはまるで、黄金の水のよう。ジュースのようにごくごくと飲めてしまう。

オススメは、ヘムルパジョン（海鮮お好み焼き）とドトリ・ムク（どんぐりをゼリー状にしたもの）だ。ヘムルパジョンは列をなすほどの人気だし、ドトリ・ムクは完全自家製で、ソウルでは食べられない味だ。どちらもドンドン酒にぴったり。豆腐や味噌（これらも手作り）の汁物を組み合わせれば、十分満足できる量である。

正門に戻る途中の公演場では、テッキョン（韓国の武芸）が行われていた。大学生と思われるイケメンのお兄さんたちが、蹴っては蹴られるを繰り返していて、ケガをしないかとはらはらさせられた。真剣な中にも、時折、スローモーションで演じたりと、ユーモアもたっぷり見られる。そういえば、以前はサムルノリ（農楽）をやっていた。その時々で異なる公演が見られるのだ。

民俗村に行くなら朝早くに行き、1日、たっぷり楽しんでほしい。

ちょっと足を伸ばして世界遺産へ

民俗村があるのは京畿道龍仁市だが、水原（スウォン）市が近いので、ついでに寄ってはどうだろう。水原市で有名なのは世界遺産に選ばれた華城（ファソン）だ。市の中心にあり、地下鉄1号線「水原」駅からタクシーで10分で行ける。ソウルにある南大門や東大門のように、6キロの城壁の中に4つの門がある。軍事的な防衛機能と商業的な機能を併せ持った、東洋随一の城郭だ。2時間半ほどで一周できる。3〜11月の日曜日午後2時には、華城行宮（王の別宅）の正門の前で壮勇営守衛儀式（宮殿や城郭の門で行った伝統的な軍隊の儀式の1つ）が、土曜日には午前11時に武芸公演が行われる。その他イベントが行われることもある。週末こそ水原だ。また、水原名物といえばカルビ。水原にはもともと大きな牛市場があったため、自然に牛肉料理が発達したそうだ。毎年10月には華城行宮の駐車場で「水原味付けカルビ祭り」が開かれる。さまざまな文化イベントが行われるので、この時期に旅する方は事前に調べておこう。

[KTX] スピーディな郊外観光はKTXで進行方向と逆の席だと安くなる！

日曜日、ふと旅に出たくなり、ソウル駅に向かった。今回の目的地は、りんごと美人の産地、テグ。内陸の盆地なので、冬は韓国で一番寒く、夏は一番暑い地域だ。昔は汽車で4時間ほどかかったが、KTXができてからは1時間50分で行けるようになった。KTXは韓国版新幹線で、ソウル―釜山間を2時間40分で結ぶ。ソウルから主要都市へ短時間で行けて本数も多いので、時間のない週末旅行の強い味方だ。

KTXソウル駅に行き、チケットを買おうと窓口に立った。「大邱（テグ）」と告げると、「大邱に行くのなら、東大邱（トンテグ）の駅でいいですか？」と言われた。

大邱駅じゃないのかな？ あれ？ と思い、はたと気づいた。そうだ、都市によっては、一般の在来線の駅ではなく、KTX専用駅に止まる場合があるのだ。例えば、「天安（チョナン）」に行く時は「天安牙山（チョナンアサン）」の駅に止まる。在来線の駅からKTXの駅は少し離れているから注意したい。

発車時間を確認すると、ほぼ10分間隔であるというので、ゆとりをもって20分後の電車を選び、進行方向とは逆の席を買う。順行の席より5%安いからだ。

駅構内の「パリ・クロワッサン」に行き、KTXの中で食べるパンを買って、乗車口に向かう。不思議なことに、改札には切符を入れる機械はあるものの、通す必

要もなく、人も立っていない。誰でも自由に通り抜けられて、まるでヨーロッパの鉄道のようだ（降りるときも出口には誰もいないのだ！）。指定席の番号を探して席につく。一般車両は、特室車両よりも狭くて窮屈だ。以前乗った特室はずっとゆったりとしていた。金額的に大した差はないので、特室にしたほうがゆったりとした旅ができる。

電車が出発すると、1車両に2台ずつ備え付けられたテレビで、「携帯電話はマナーモードにし、通話は通路でお願いします」などの車内マナーをアニメで紹介しはじめた。だが、誰も聞いていない。子どものわめき声や、携帯電話のベルや話し声、男性のいびきなどでにぎやかだ。

さて、コーヒーが飲みたくて、販売員が来るのをずっと待っていたが、なかなか来ない。ようやく来たと思ったら、販売員はワゴンを足早に引いて静かに通り過ぎてしまった。急いで、「チョギヨ（すみません）」と呼び止める。

コーヒーは3000Wだった。ヘーゼルナッツの香りがする、薄いコーヒーだ。ミルクもない。でも、パイのお菓子を一緒にくれて、ちょっとうれしかった。我ながら単純だ。ワゴンでは、缶ビール（1800W）、おつまみや弁当のほか、車内で音楽やテレビの音声を楽しめるヘッドホン（1500W）も売られている。

1時間50分で、終点の東大邱駅についた。韓国第3の都市にふさわしくソウル駅並みに大きくて立派で、売店も充実していた。ダンキンドーナツやコーヒー・ビーンなどの有名チェーン店があり、ホド（クルミ）菓子など各種名産が売られている。片隅には書店もあって、駅を見学するだけでも楽しめそうだ。

KTXとは…

2004年に作られたKTXは、フランスのTGVのシステムを利用した、時速300キロで走る高速鉄道。1週間前の早割など各種割引制度は多いが、日本人旅行者が使いこなすのは難しい。気軽に利用できるのは、自由席3％割引や自動販売機1％割引くらいだろう。KTXでソウル駅に到着後、そのまま仁川空港に向かう場合は、KTX連携リムジンバスに乗ればバス料金が約30％安くなる。スケジュールが調整できるなら平日に旅立とう。週末より安く乗れる。

[釜山弾丸ツアー]

思いつきで回ってしまったがKTXの時間を考えれば日帰りも十分可能！

朝9時ちょうど発、釜山行きのKTX7号に乗るはずだった。しかし、前日の深酒がたたって、ソウル駅に着いた頃には走り去ってしまっていた……。が、KTXは30〜40分おきに運行していることに気づき、ホッと胸をなでおろす。12時23分に釜山に到着する9時40分発のチケットを購入。ついでに復路のチケット（15時50分釜山発、18時34分ソウル着）も購入し、ホームへ向かった。

今日は勝手に名付けた「1人釜山弾丸ツアー」敢行日。ソウルから日帰りで釜山をどれだけ満喫できるかチャレンジしてみようと思いついたのだ。

釜山は言わずと知れた韓国第2の国際都市。港町ならではの活気と、温かな人情が今も息づいているという。ソウルとはまたひと味違った魅力を限られた時間の中でとことん堪能するぞ！

3時間あまりで釜山駅に到着。まず向かったのは、駅構内にあるインフォメーションセンター。ここで無料の釜山の地図と日本語のガイドブックを入手。日本語堪能なスタッフも常駐しているので、効率よく動くため、スタッフ行きつけの店や行くべき場所など聞き出せる情報は聞き出しておきたい。残り時間正味3時間。

とりあえず昼食を食べようと思い、地下鉄で向かったのが「チャガルチ」駅。「釜

マスト！釜山ではこれを食え！

① ミルミョン
つるんとしたのどごしが抜群。

② やきもちホットク
中はもっちりで外はサクッ！

③ 活きダコの刺身
ゴマ油が効いた塩ダレと好相性♡

山では名物のミルミョンを食べるべき！」と、力説するソウル在住の友人Hおすすめの、路地裏の大衆食堂へ向かった。ミルミョンは小麦粉を材料とした麺の冷麺らしいが、そんなウンチクも聞かされぬままやって来た私は「これってフツーの冷麺じゃん」と、ずるずる。味もいつもの冷麺とあまり変わらないが、よ〜く見ると麺の色が違っていた。食感も冷麺に比べるとやわらかめだ。

次は釜山国際映画祭の開催地である「PIFF広場」で、インフォメーションセンターの人が太鼓判を押していたやきもちホットクを食べる。中はもちっとしていて、外はサクサクという、あまりにも魅力的な食感にノックアウトされてしまった。お腹も満たされた感じだけど、肝心の海鮮を食べていない。

潮の香りのする方へと歩を進めていく。ガヤガヤと猥雑な雰囲気が漂ってきた。場外には魚介類を並べた屋台がびっしり。海鮮を食べるなら場内と聞いていたので、目の前にあった「新東亜市場」へ入った。客引きがスゴイと聞いていたのに、誰からも声をかけられず、寂しく場内を徘徊。唯一笑顔を見せてくれたオジチャンの店で活きダコの刺身と、見た目がなんともグロいユムシの刺身、ホタテの3点盛りをオーダー。しめて1万W。ついでにビールもオーダーして、ゆるゆる気分でオジチャンとカタコトの日本語でゆるやかな午後のひとときを過ごした。

ふと時計を見ると、すでに15時半。ヤバイ！　私の場合、KTXの時間をあまり考えずにいたので超駆け足ツアーになってしまったが、午前中に到着するKTXを利用し、夜も気にせずというのであれば、釜山の街を1日で十分楽しめると思う。物好きな人はぜひ試してみて。

（鈴木）

チャガルチ市場
［チャガルチシジャン］

- ●住所　釜山市中区南浦洞4街37-1
- ●℡　051-245-2594,2595
- ●OPEN　7：00〜21：00
- ●日本語　通じない店がほとんど
- ●アクセス　地下鉄1号線「チャガルチ駅」10番出口から徒歩5分

[江華島（カンファド）]

地味だけど味わい深い島のハイライトは登山の末にたどりついた石仏

江華島（カンファド）はソウルから約1時間強で行ける、韓国で4番目に大きな島だ。本土と2本の橋で結ばれているので、バスに乗って日帰りで行くことができる。お寺や要塞跡などの史跡の多い歴史ある島で、見どころも多い。

今回の旅の目的は寺めぐり。伝燈寺（チョンドゥンサ）と普門寺（ボムンサ）の2つに行くつもりだ。伝燈寺は韓国最古の寺。普門寺は江華寺からさらに離れた席毛島（ソンモド）という島にある。

新村市外バスターミナルからバスに乗り、約1時間で到着。観光客はそれほどおらず、素朴な田舎町といった雰囲気だ。まずは、島の南にある伝燈寺へと向かう。バスターミナルからバスで20分、「温水里」（オンスリ）で降りる。バス停を降りてからも、伝燈寺までの道のりは長い。やっと「伝燈寺」と書かれた看板が見えても、今度はそこから、坂道を上がらなければならない。運動不足の私にはこたえる。

経典を読んだのと同じ功徳が得られるという。何と便利なものがあるのか！重いよ、と言われて気合いを入れてまわしたら、軽くて気が抜けた。見どころは本堂の「大雄宝殿」（だいゆうほうでん）。17世紀に作られたものだ。風雪に耐えた歴史の重みを感じさせる。

次は普門寺へ行くため、タクシーで度毛島行きの船着場に向かう。運転手さんが

普門寺
[ボムンサ]
- **住所**　仁川広域市江華郡三山面メウム里629
- 032-932-6007
- **OPEN**　9:00～18:00
- **アクセス**　江華総合バスターミナルより外浦里（ウェポリ）または普門寺行きのバスに乗り、外浦里船着場からフェリーで席毛島へ。バスターミナルからバスに乗り約10分

伝燈寺
[チョンドゥンサ]
- **住所**　仁川広域市江華郡吉祥面温水里635
- 032-937-0125
- **OPEN**　7:00～20:00（年中無休）
- **アクセス**　江華総合バスターミナルより温水里行きのバスに乗り、温水里ターミナル下車のち徒歩10分

「近いほうと遠いほうと、どちらにするか」と聞くので、近いほうと答えた。だが、これが誤ちのもとだった。善首船着場に着くと、乗船客は全員が車で、歩いて船に乗るのは私たちくらいだった。煤音里船着場(メウムリ)に着いて、その理由がわかった。ここからはバスが出ていない。果物売りのおばちゃんにバス停を尋ねると、「ここから遠いよ。本当に歩いて行くの？」と大きく驚かれてしまった。教えてもらったとおり、赤い屋根を目指して歩き続けたが、バス停は見つからない。近くのおじさんに聞くと、「そこの交差点で待っていろ」と言われる始末。でも、交差点にもバス停はない。バスが通ったので手を挙げると、無事に乗せてくれた。

「ここは田舎だから、坂以外ならどこでも止まるんだよ。バスタクシーってとこかな」と、運転手さんは笑って言う。

終点の普門寺は、田舎とは思えない賑わいを見せていた。土産物屋や食堂が並び、名物のマッコリやキムチが並んでいる。

普門寺までの道のりは、登山そのものだった。普門寺では天然の洞窟を使った石室や、龍の形をした大木などが有名だが、私が一番見たかったのは磨崖石仏座像(まがい)。紀行番組で紹介されていて、実物をぜひ見たいと思っていたのだ。

磨崖石仏座像までの階段は長くて苦しいが、着いた時の喜びはひとしおだ。美しい景色を眺めながら石仏を拝むことができて、大満足だった（P14に写真アリ）。帰りの道は、きちんとバスの通っている外浦里(ウェポリ)の船着場から、新村への直通バスに乗った。それにしても、よく歩いた旅だった。

江華島最大の史跡
江華支石墓
［カンファジソンミョ（コインドル）］

● **住所**　仁川広域市江華郡下点面富近里317
● **アクセス**　江華総合バスターミナルからバスで約15分

江華島一のパワースポット
摩尼山
［マニサン］

● **住所**　仁川広域市江華郡華道面興旺里一帯
● **アクセス**　江華総合バスターミナルからバスで約30分

江華島みどころマップ

- 花紋席文化館
- 奉天台
- 橋山里支石墓郡
- 巨大石
- 江華支石墓
- 喬桐島（キョドンド）
- コインドル（世界的に分布した古代の石墓）を見られる。
- 高麗宮址
- ソウルからのバスはここに着く。
- 倉後里フグ刺身村
- 富近里支石墓郡
- 江華バスターミナル
- 江華大橋
- 三巨里支石墓郡
- 人参センター
- 江華歴史館
- 金浦市（キンポシ）
- 古川里支石墓郡
- 島の歴史を学べる
- 席毛島（ソンモド）
- 黄清里活け魚刺身村
- タト浦里活け魚刺身村
- 江華島（カンファド）
- ここで朝鮮人参を買おう。
- 韓国の三大観音聖地。がんばって石仏を見に行こう。普門寺
- 石浦里船着場
- 三宝海運
- 煤音里船着場
- ここからもソウルへのバスが出ている。
- このルートで行くとすぐにバスに乗れない！上のルートで行こう。
- ママカリがおいしい！刺身村はあちこちに点在している。
- フポサッパ刺身村
- 伝燈寺 韓国最古の寺
- 善首船着場
- ウミネコがたくさんいる。カッパえびせんをあげよう。
- 黄山島活け魚刺身村
- 摩尼山
- 「気」エネルギーが高いらしい。時間があれば登りたい。
- 東検島（トンゴムド）

江華島へのアクセス
ソウルの新村市外バスターミナルから直通バスが出ている。所要時間は約1時間30分。バスは10分ごとに出ており、日帰りもじゅうぶん可能。

席毛島へのアクセス
三宝海運（サンボヘウン）旅客ターミナルからフェリーで5分。南側の善首（ソンスン）船着場からもフェリーは出ているが、ここから乗ると交通機関のほとんどない場所に降り立つことになるので注意！

- ソウルから着く江華総合バスターミナルから各スポットへのバスが出ている。各見どころは点在しているので、欲張らずに目的を絞ろう。
- バスに乗るときは、行き先を最初に運転手さんに告げておこう（アナウンスがないことも）。

第4章

平日の疲れを癒して帰ろう

美容・癒し編

[サウナ・汗蒸幕（ハンジュンマク）]

ときには宿代わりにも使える汗蒸幕（ハンジュンマク）は地元民が行く店が絶対お得！

チムジルバン、汗蒸幕、サウナ、沐浴湯（モギョクタン）、スパ……。韓国にはいろんな名前の入浴施設があるが、簡単に説明すると、韓国式高温サウナ、沐浴湯は銭湯だ。とはいえ、チムジルバンは低温の岩盤浴施設、汗蒸幕はジルバンが複合的に組み込まれていて、店の名前に関係なくサウナやチムジルバンが複合的に組み込まれていて、その境界はあいまいなのが現状だ。

基本的な入浴やアカスリはどこへ行ってもできるので、近くにある施設を利用すればいいが、観光客向けの店はできれば避けたい。特にガイドが連れていってくれるような店は「基本コース」でしか入れないのが難点だ。基本コースは入場料、入浴料、アカスリ、簡単なマッサージなどがセットになっているので、どんなに安くても7～8万Wはするし、入浴時間に制限のあることが多い。

地元民の行く店なら、入場料は5000～1万3000Wぐらいだし、アカスリもオプションで1～2万Wほどで済む。24時間営業だから、一日中だっていられる。大きめの施設ともなれば、テレビはもちろん、映画やカラオケボックス、パソコンルーム、ゲームセンターなど、日本の健康ランドのように、いろいろそろっているので、食事をして、お風呂に入って、一日ゆっくりと楽しめる。思い立って航空券をとって来たものの宿はなし……なんてときには宿代わりに使うこともで

スポーツクラブ・ソウルレジャー

- ●住所　松坡区五禁洞28
- ●MAP　地図外
- ●℡　02-404-7000
- ●料金　昼（5:00～20:00）6000W、夜（20:00～5:00）8000W
- ●アクセス　地下鉄5号線「芳荑駅」1・2番出口を出て、五禁公園方面に200m進んで左折

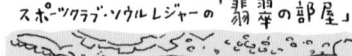

スポーツクラブ・ソウルレジャーの「翡翠の部屋」

頭痛を抑える効果があるそう。

地元民に大人気なのは「スポーツクラブ・ソウルレジャー」。9種類のサウナと9種類の火釜(ドーム型サウナ)がある、韓国最大のチムジルバンだ。黄土、紫水晶、塩の原石、宝石など、部屋ごとにさまざまな素材が使われたチムジルバンは、それぞれに効能が異なるので、ひと通り試してみるといい。そのほか、「雪降る氷部屋」は、夏でも雪が降っていて幻想的だし、「酸素部屋」では新鮮な空気を思い切り吸い込むことができる。牛乳風呂やヒノキ風呂、天然岩盤水風呂など、風呂の種類も充実しており、女性専用の休憩室もある。スカッシュや卓球などのスポーツ施設も整っているので、旅行中の運動不足解消にも役立つ。

観光客でも気軽に行けるのは、日本語の通じる「ドラゴン・ヒル・スパ」。龍山駅の隣というロケーションのよさもあり、日本人も多く訪れる。中国の宮廷風インテリアをコンセプトにしていて、韓方(韓国の漢方)薬剤を使った風呂など、風呂の種類も多い。敷地が広いので、チムジルバンの種類も多い。

江南地域でオススメなのは、「江南スパ」だ。「江南温泉」とも呼ばれ、各種風呂のほか、よもぎ蒸し座浴、ドクターフィッシュなどの施設もある。よもぎ蒸し座浴は、15分ほど陰部をよもぎ蒸気で温めることで、生理痛や子宮の病気など、女性特有の疾病を予防・改善するのに役立つ。ドクターフィッシュは、人の皮膚をエサだと思って食べてくれるため、足の皮膚病を治してくれるとして、一時期、韓国で流行した。だが実は、本物のドクターフィッシュは韓国にはほぼ輸入されていないので、効果は期待できない。

きる。まさに週末旅行向けだ。

江南スパ
[カンナムスパ]

- ●住所　江南区論峴洞74-7
- ●MAP　P31-B-4
- ●☎　02-545-4777
- ●料金　昼(7:00〜19:00) 8000W、夜(19:00〜7:00) 1万W
- ●アクセス　地下鉄7号線「鶴洞駅」下車8番出口を出てまっすぐ300m歩く

ドラゴン・ヒル・スパ

- ●住所　龍山区漢江路3街40-713
- ●MAP　P27-C-3
- ●☎　02-792-0002(日本語専用)
- ●料金　昼(5:00〜20:00) 1万W、夜(20:00〜5:00) 1万2000W
- ●アクセス　地下鉄1号線「龍山駅」3番出口から徒歩3分。駅を正面に見て左手に隣接

[マッサージ]
3日連続でも行きたい！と思う足マッサージの店がソウルにはある

一日中パソコンに向かっていると体がカチコチになるため、時々マッサージに行く。「血行をよくするために行け」と韓国人にすすめられるのだ。

ひと口にマッサージといっても、スポーツマッサージ、指圧、経絡など、いろいろな種類があるから難しい。専門家でない私には詳しいことはわからないが、スポーツマッサージは筋肉をほぐし、指圧はツボを押して、経絡は気の流れをよくするリンパ系をマッサージするのかな、と考えている。

そんな私が、肩がコリコリのときに行く店は「SPA DAY」。ソウルに駐在する外交官夫人やお金持ちのマダムなど、セレブ御用達の店だ。私でも行けるのは、お手ごろ価格のマッサージもあるから。プチセレブ気分を味わうにはピッタリだ。

この店のオーナーは、以前はアメリカでエステサロンを経営していた。それをベースに、ヨーロッパ、東南アジア、日本、韓国のエステをミックスさせたものを考案して、ソウルにも店をオープンさせたのだ。美人なうえにとてもお上品な方で、店もとても優雅。足を踏み入れただけでリラックスできるような雰囲気だ。

使われているアロマは、すべてインドの会社と提携して作った、店オリジナルのもの。また、銀の櫛も韓国人の髪質に合わせて作られている。銀はデトックス効果

笑顔のステキなオーナーの Jung HeaNa さん

気持ちいいですよ〜

があり、頭皮の血行をよくするため、脱毛や頭痛の予防にもなるという。
ここで有名なのは石を使った「ストーンマッサージ」だ。韓国伝統の経絡マッサージとミックスさせたもので、体に熱い石と冷たい石を交互に置くことにより、筋肉の奥深くまで凝りをほぐしてくれる。この石は驚いたことに、わざわざアメリカから取り寄せたものだという。ひとつひとつにオーナーのこだわりが感じられる。
一方、血液循環をよくしたい時に行く店は「劉昭榛足＆アロマケア」だ。ここのオーナーも気品があってステキだ。
「うちは常連のお客様が多いので、手を抜いたら叱られちゃう。どのお客様にも心をこめて丁寧にマッサージしています」というオーナーの言葉のとおり、スタッフのサービスはきめ細かい。そして、優しい手つきにうっとりしてしまう。男性のお客さんも多く、ソウル滞在中、3日連続で寄って行くような人も少なくないらしい。
まずはスパ機で水マッサージを受けて足をきれいにしてから、スクラブ静脈マッサージ（足をリラックスさせる）、ツボマッサージ（新陳代謝を促進）、空気マッサージ（血液循環をよくする）の順で、疲れた足をほぐしていく。
足の裏は健康の尺度だ、というのは本当らしい。父を連れていったときのこと。ツボを押す段階で「くすぐったい〜」と笑いをこらえるのに必死だった父の隣で、いかにも不健康そうな父の友人は「痛い！」と苦痛を叫んでいた。
この店は足つぼマッサージが専門ではあるが、フェイシャルマッサージや背中マッサージもメニューにある。100％天然のアロマで、内臓器官とつながっている背中をほぐしてくれる背中マッサージは、ぜひ一度受けてみたいと思っている。

劉昭榛足＆アロマケア
[ユ・ソジン パルアロマケア]
●住所　中区乙支路1街188-3 プレジデントホテル602号
●MAP　P28-D-1
●☎　02-773-6355
●アクセス　地下鉄1号線「市庁駅」1番出口を出てすぐ

SPA DAY
[スパ・デイ]
●住所　龍山区漢南洞258 現代リバティハウス202号
●MAP　P26-D-2
●☎　02-793-0777
●OPEN　10:00〜20:30(平日)、10:00〜20:00(土)、11:00〜20:00（日）
●アクセス　国鉄1号線中央線「漢南駅」1番出口より徒歩8分

みちがえるようにきれいになる
そして痛みも少ない奇跡の皮膚科

[ホクロ取り・レーザー治療]

今から10年ほど前、ホクロを取りたくて皮膚科へ行った。レーザーを当てるだけで簡単にとれるものと思っていたが、小さなホクロひとつひとつに麻酔を打つため、注射があまりにも痛くて途中でギブアップしてしまった。涙を流しながらぐっとこらえて取った記憶がある。

それから数年して、友人がホクロを取りたいと言うので付き添いで皮膚科へ行った。小さなホクロがたくさんあってかなり痛かったと思うが、辛抱強い彼女はきちんと耐えて全部取った。終わった時には目にいっぱい涙をためていたから、相当つらかったに違いない。それ以来、皮膚科とはずっと疎遠になっていた。

しかし、その数年後、再び皮膚科に通うことになった。ほぼ一帯に、細い毛細血管がいくつも浮き出て見えて、顔全体に赤みがさしていたからだ。目の周りのシミ・そばかすも気になる。血管のかたまりもシミも、それほど大きくも濃くもないので化粧である程度隠せたが、素顔の自分が情けなくて、どうにかしたいと思ったのだ。特に目の周りが黒いと、年齢のわりにずっと老けて見える。

私が行ったのは、狎鴎亭（アックジョン）にある「ドリーム皮膚科」。インターネットで綿密に調べてから、自分の目的に一番合っていそうな病院に決めた。皮膚科といっても、私

ドリーム皮膚科
[dream skin clinic]

- ●住所　江南区新沙洞583 ウンガンビル5F
- ●MAP　P31-A-3
- ●℡　02-546-1613
- ●OPEN　10:00〜19:00（月水木）10:00〜20:00（火金）10:00〜16:00（土）
- ●アクセス　「狎鴎亭駅」4番出口を出て30m直進した右側。狎鴎亭CGVの反対側、パク・ジョン語学院5階

ほくろも驚くほど簡単にとれる！

の場合は病気ではなく美容目的なので、レーザー設備が整った病院を選んだのだ。緊張して病院の門をくぐると、写真で見たとおり、エステサロンのような軽やかな雰囲気がした。受付で「顔の赤みをとりたい」と言うと、看護師さんが軽く問診をしてから、お医者さんのところに連れて行ってくれた。その日はあまり込んでなかったので、予約をしなくてもすぐに案内され、話がゆっくりできた。顔の赤みとシミのことを話すと、レーザーで全部完ぺきに取るのは無理だと言われた。それでも、今よりはずっとよくなるそうだ。私の場合は、顔全体に「I2PL」というレーザーを当てて、老化した肌を若くするのだという。もしお金に余裕があれば2度やるほうがいいと言われ、1週間の間をあけてレーザーを当ててもらった。施術はちょっとチクチクしたが、耐えられないほど痛くはない。これでお肌が少しでもきれいになるのなら、我慢できる痛みだ。

お医者さんが言ったとおり、施術後は逆に、シミやそばかす、赤みがかった部分が濃くなった。ところが、2度の施術を受けてしばらくたつと、みちがえるようにきれいなお肌に戻っていた。突然ではなく、本当に少しずつ、日を追うごとにきれいになっていく。

すると、以前取り残したホクロまで気になり始めた。再び病院に行って先生に聞くと、心配するほど痛くないという。挑戦してみたところ、驚くほどあっけなく終わってしまった。今の麻酔は、ただ塗るだけなのだ。あの苦痛は何だったのか。レーザー1回が百万Wと、当時はとても高く感じたが、今のお肌を思うとそれだけの価値があったのではないだろうか。

お気軽整形は要注意！！

韓国人は顔にあるホクロを嫌うので、気軽に取りにいく。美しくなりたいという願望は日本人以上に強く、芸能人でなくても美容整形の手術をするのは日常茶飯事だ。私の韓国人の友人たちも、あごや鼻、目などを手術した人が多く、またそれを堂々と明かす。問題は、韓国でも費用はそれほど安くないこと。円高になると、日本人にとっては安く感じるだろうが、芸能人が通うような立派な美容外科は高価なのだ。そこで、お金はないけれどきれいになりたい女性たちは、医師免許を持たない人たちのもとで施術をしてもらうことが多いが、副作用が起きる可能性が高いので注意が必要だ。医師免許を持っていても、下手な医師にかかったら、大変なことになる。ある美容外科で、ふくらはぎを細くする手術を受けた数十人の女性は、かかとをつけて歩けなくなってしまった。部屋の中でも一生ヒールをはいて過ごさなければならないのだ。もし手術をするのなら、たとえ高価でもきちんとした病院を探すべきだ。

［まつげエクステ］
整形よりも効果的!?
私の人生を変えたまつげエクステ

鏡の中の自分を見た瞬間、あっと驚いた。まつげがくるっと上を向いた、お目々ぱっちりの自分がいたからだ。はっきり言って、まつげのエクステでこれほど自分の顔が変わるとは思ってもいなかった。マスカラを濃くつけた程度かなと思っていたのに、まるでプチ整形したみたいだ。

「二重の手術をするよりも効果的だと、皆さんに喜ばれます」

と、施術してくれたお姉さんは自慢げだった。だが、「皆さん」とは一体、誰を指すのだろう？ 二重手術をしてなきゃ効果的かどうかわからないのに。疑問だ。

数年前、まつげパーマをしたことがあったが、何となくまつげがダメージを受けそうな気がした。それ以来、まつげに細工を施すものには手を出さないことにしていた。それが、たまたま知り合いの紹介で「ヒャンユ」という店と知り合って、私の人生は変わった。

ベッドに横たわって目を閉じる。静かな音楽の流れる中、エクステを1本1本、ていねいにピンセットでつまんでグルー（のり）につけ、本物のまつげに載せていく。目元の作業なので体を動かさないように注意しなくてはならないが、ベッドに横たわって目を閉じているうちに、いつの間にか眠りに落ちてしまう。約2時間後に

ソウルでは アートメイクも人気！

まゆ毛　アイライン　リップ

できあがった自分が、冒頭に書いた私の姿だった。

普通、日本でエクステをつけると1本いくら、と決まっているが、この店では両目に付け放題で10万Wと、さほど負担にならない価格だ。普通は1か月から1か月半くらいもつので、そのくらいたったらリペアに行く。旅行者の場合はリペアできないだろうが、無理にリペアしなくてもいいと思う。エクステは自然に落ちていくので、約2か月で元どおりの目に戻る。

まつげのエクステは、化粧に時間をかけたくない人には最適だ。マスカラをしなくていいし、ファンデーションを塗っただけで、なぜか化粧したように見えてしまう。ここのエクステはとても自然に見えるらしく、よく「マスカラしてるの？それとも自然のまつげ？」と聞かれる。「エクステだよ」と教えてあげるとみんな仰天して、「ぜひ自分も挑戦したい」と言う。

友人同士でお風呂に行っても、エクステをしていれば完ぺきな素顔をさらさずに済むのが便利だ。夏はプールに入ってもとれないから平気だし、冬は各種パーティーでわざわざマスカラをつけなくて済む、という利点がある。

さて、韓国でまつげエクステをなさる方に、ひとつだけ気をつけてもらいたいことがある。フェイシャルマッサージなどを受ける方は、その後でエクステをつけてもらうことだ。おバカな私はエクステをつけた翌日、何も考えずに顔エステに行ってしまい、しまったと思った経験がある。仕方なく「エクステつけてるので目元は避けてください」とは言ったが、せっかくつけたエクステが油分でとれてしまわないか、ちょっとドキドキした。

街歩き

観光

郊外観光

美容・癒し

食事

買い物

旅のノウハウ

ヒャンユ

●**住所**　瑞草区瑞草4洞1309-1 デウディオビル江南402号
●**MAP**　P26-D-4
●☎　02-532-0736
●**OPEN**　10:00～22:00、10:00～17:00（土）
●**アクセス**　地下鉄2号線「江南駅」下車、6番出口を出て大通りを第一生命交差点に向かって歩き、金剛製靴を左折、20mほど先を右折した右側

[占い]
ここまでくりゃ開き直るしかない！
泣くに泣けない万国共通のお告げ

「私さ～、台湾で結婚に向いていないって言われたんだよね～」

「いいじゃん。じゃあ、その分死ぬまで仕事に生きろってことだよ（笑）」

ふんっ！他人事だと思って、いい気なもんだ。ところが、だ。この後2人で行ったソウルの占いカフェで友人Hの言葉が、的中してしまうことになるのである。

韓国は日本や台湾に負けず劣らずの占い大国。人生の一大イベントを決める時にはやはり占いは必須アイテムなのだそう。そんな韓国では、お茶を飲みながら気軽な雰囲気で占いをしてもらう占いカフェが大流行。気になる料金はというと、占い料金のほかに、オーダーしたコーヒーや伝統茶などのドリンク代がかかるというシステムだ。明朗会計なのも人気の秘密らしい。数ある占いの中で、最もポピュラーなのは「四柱」。日本でも「四柱推命」という名前で知られている東洋占術だ。

台湾での散々な占い結果に落ち込み、しかも近年不運続きの私を見るに見かねた友人Hが、ソウル随一の繁華街・明洞（ミョンドン）にある占いカフェ「#（Sharp）」に連れて行ってくれた。地元各メディアから取材を受け、インターネットなどでもよく当たると評判だ。——学習能力がないのか、健忘症なのか、単に鈍感なのか、「当たる」とのひと言に、またしても何を期待してか希望を抱く単純な私。

階段を上り、店の中へ入ってみると、いわゆる普通のカフェとなんら変わりがなく、ちょっと期待はずれ。ただ違うのは、各テーブルにパソコンや占い道具を広げた先生（といってもかなり若い）と、その話を真剣なまなざしで聞くお客さんの姿。ほとんどのテーブルは現地の迷える仔羊たちで埋め尽くされていた。「＃(Sharp)」は基本完全予約制だけど、占い師は常時4〜6名常駐（日本語が話せる占い師も常駐）しているので、空きがあればすぐに見てもらえるという観光客には心強い。この日は日本語のできる占い師が1時間ほど埋まっていたために、占い師の空く時間を見計らい予約。それまでHと明洞でブラブラ時間をつぶした。

席へ着き、まずはドリンクをオーダー。笑顔の素敵な女性がやって来た。彼女に名前、生年月日、出生時刻を告げると、「アナタ、結婚に向いていないね」の第一声。ガ〜ン。韓国でもかよ〜。あ〜、それにしてもこのフレーズを何度耳にしたことか……。すでに免疫はついているけど、いきなり食らってしまったストレートパンチ。言葉責めに慣れた耳とはいえ、女としては、やっぱりイタいひと言だ。

「結婚に向いていない、そしてアナタ足もブラブラしてるね」
「え？ 先生、"足ブラブラ"、それってどういう意味？」
「一か所に留まれないの。う〜ん、スッチーとか記者とか向いてるね。死ぬまであちこち忙しく動き回る運勢。どう考えてもやっぱり結婚向いていないね。でも、49歳までは男運は花盛りだから、あちこちで男作ればいいじゃん。あ、アナタ既婚なのね。晩婚で良かったよ。34歳までに結婚してたら離婚だよ。ハハハハッ」

言ってくれるじゃない、先生。もうここまできたら、開き直るだけ!?　（鈴木）

＃ (Sharp)
[サジュカフェシャプ]

- **住所**　中区忠武路1街25-2 2、3F
- **MAP**　P28-E-3
- ☎　02-776-1378
- **OPEN**　12:00 〜 22:00（予約した方がベター）
- **日本語**　通じる
- **料金**　四柱推命3万W、四柱推命相性占い5万W（ともに通訳料含む）
- **アクセス**　地下鉄4号線「明洞駅」徒歩約3分

「ガイドおすすめの店」には要注意!

column

　激安ツアーなどで韓国に行くと、普通はガイドの案内がつく。空港からバスでいろんな店に連れて行かれたあと、やっとホテルに到着、というパターンが多いのだが、これは激安ツアーであるかぎりしかたがない。免税店であれ土産物屋であれ、客が店に入るだけで1人当たりいくらというマージンがガイドに落ちるからだ。そのうえ客が買い物をすれば、そこから数パーセントがもらえる。
　そうしたことから、ガイドの連れて行く店はあまりよい店がない。アカスリやエステなども「どうせ観光客相手」と思っているから、丁寧にやろうとしないし、数をこなしてもうけようと考えている店が多い。
　ガイドも日当が安いので、こうしたバックマージンがないと生活ができないし、おかげでツアーの価格も激安になるのだから、もちつもたれつ。それでも私は、ガイドの紹介する店には行くなと言いたい。
　先日、こんなことがあった。日本の友人から電話で、ソウルに行く知り合いの面倒を見てくれと頼まれた。彼女はガイドにエステを予約してもらったというのだが、店の名前を尋ねたところ、聞いたこともない店だ。ガイドに電話して聞くと、梨泰院では有名な店だから安心しろと言う。しかし、梨泰院で長年、店をやっていた「SPA DAY」のオーナーに聞いても知らないと言う。
　「アカスリと全身オイルマッサージをしてから、韓服を着て写真も撮って8万8000W。日本人の間では評判のよい店」と言うガイドの言葉を信じて、そのまま行かせた。
　その後、会って話を聞いたところ、やはりダメだなと思った。いいかげんだったし、韓服も着せてもらっていないという。私はすぐにガイドに電話して文句を言った。翌日、店がもう一度送迎車を向かわせて、韓服を着せてもらえるということで話はついたが、非常に気分が悪かった。やはりガイドの連れて行く店は信用ならない。
　最近では、ガイドブックやインターネットの韓国サイトなどでも、多くの店が紹介されているが、これらも一様には信用できない。特に大手サイトは、店から広告費をもらって宣伝していることが多い。お金さえ出せばどんな店でも取材してもらえるので、厳選された店だけが載っているわけではないことに注意してもらいたい。
　では、どんな店を選ぶのか？ これは手前味噌になって申し訳ないが、本書で紹介されている店は、著者おすすめの店なので安心してほしい。個人的な好みの問題があるので、気に入らないこともあるかもしれないが、不当な値段をつきつけられたり、いいかげんなサービスをしたり、ということだけはない。また、ネットでも宣伝抜きの個人のブログやホームページも多いので、参考にしてはどうだろう。
　ツアーに組み込まれていればしかたないが、オプションであればガイドに頼らず、勇気を持って地元民の行く店に行ってみよう。エステなどはホテルでも教えてくれるし(ホテルのエステは高いので、それ以外の店を聞こう)、南大門など市場の人たちも親切によい店を教えてくれる。こういう地元民の情報こそが、旅をより充実させるものになると信じている。

第5章

一食も無駄にしない覚悟で!
食事編

[焼き肉（豚肉編）]
肉が命のサムギョプサル
私が3日連続で通った店とは？

韓国に来たら焼き肉、と思っている人は多いと思う。しかし、結局ガイドブックに載っている店に入り、日本の焼き肉とどう違うのかわからないまま帰る……ことも多いと聞く。そんな人に、本当においしいお店を紹介したい。まずは豚肉から。

庶民の食べ物であるサムギョプサルは、豚のバラ肉を、ただ焼いて、塩をつけて、食べるだけの料理だ。野菜にくるんだり、各種タレにもつけたりもするが、結局は肉の味そのものを楽しむことになる。味付けカルビなら、少しぐらい肉の状態が悪くてもタレでごまかせるが、サムギョプサルの場合は肉の色や状態まで、韓国人の鋭い眼力でしっかりと確認されてしまうので、適当な肉を使う店には人が行かなくなる。肉がまずいと話にならないのだ。サムギョプサルは。

肉は鉄板で焼くのが一般的だが、工夫をこらしている店も多い。先日は細く切った竹を数本並べ、その上に肉を置いて焼く店も見つけた。焼くと、竹のいい香りが漂ってきて食欲がわいてくるし、肉もこげつきにくい。これで肉の質さえよければ、店を紹介したかった。

釜のふたを使ったり玉石を使ったり。炭や練炭、釜を使うなど、焼き方も店によって異なるが、重要なのはメニューだ。

ひと昔前、ワインに漬けて熟成させたサムギョプサルがブームになって以来、ハー

八色サムギョプサル
[パルセッサムギョプサル]

● 住所　麻浦区老姑山洞107-111 ミファビルB1
● MAP　P27-B-2
● ☎　02-719-4848
● OPEN　11：00〜15：00、16：00〜23：00（平日）
16：00〜23：00（土日）
● アクセス　地下鉄2号線「新村駅」6番出口を出て100m直進、右手に見える起亜自動車の建物の地下1階

八色サムギョプサルでは8つの味を楽しめるセット(3万ウォン)を頼もう！
高麗人参　ノーマル　ワイン　松の葉
ハーブ　カレー　味噌　コチュジャン

ブ、緑茶、コチュジャンなどを添加した、フュージョンサムギョプサルが次々と生まれている。そして、新しいサムギョプサルを見つけたときは本当にうれしくなる。

こうしたさまざまな味付けの肉が、一度に食べられる店がある。新村の「八色サムギョプサル」だ。オーナーが俳優だから格好よく、目の保養にもなる。松の葉、カレー、高麗人参など、珍しい味のサムギョプサルが多く、8種類をセットにして3万W。女性2人ではちょっときつい量だが、3人でなら何とか食べ切れそうだ。国産の生の豚肉を店で切って使っているため、新鮮な肉が安心して食べられる。

肉がおいしいことで有名なのは「トクサムシデ」だ。鐘閣駅のすぐ近くにあって、夕方5時ごろになるとすでに行列ができている。地元民にも大人気だ。

ここの特徴は、肉を薄いもちに包んで食べること。これが一番おいしいと言われる食べ方だ。甘酢漬けの大根につやつや光るもちをおき、タレにつけた肉とネギをのせる。タレも甘いものから辛いものまで数種類あって好きな味が選べる。肉にきなこをまぶすだけでも十分おいしいし、鉄板の上で焼いたキムチと一緒にほおばってもいい。一度にいろんな味と食べ方が楽しめて、いくら食べても飽きない。きいなピンク色をした、質のいい肉を使っているのも人気の秘訣だ。ステーキ肉みたいに分厚いので、「肉を食べている」という実感がわく。肉汁のつまったうまみが口の中にしみ出すと、もうとろけそうになる。あまりにおいしくて、私は3日連続で通ったほどだ。

清潭洞にある「現代精肉食堂」は、精肉店に併設された食堂なので、肉の味は逸品。ぶつ切りにされたサムギョプサルは、昔なつかしいサムギョプサルの味がする。ここはキムチチゲのおいしさでも有名だ。

トクサムシデ

- 住所　鍾路区貫鉄洞44-1
- MAP　P30-A-4
- 02-737-3692
- OPEN　11：30 ～ 24：00
- アクセス　地下鉄1号線「鐘閣駅」4番出口を出て、右手の路地を入って50mほど進んだ右側

現代精肉食堂
[ヒョンデジョンユッシクタン]

- 住所　江南区清潭洞1-25
- MAP　P31-C-4
- 02-540-7205/02-546-1678
- OPEN　24時間営業
- アクセス　地下鉄7号線「江南区庁駅」4番出口を出て、振り返り道なりに進み、現代アパートの次の路地を右折した左手、「無等山」という焼肉店の隣

[焼き肉（牛肉編）]

牛肉ならチャドルバギがおすすめ 日本ではまず食べられない！

続いて牛肉編。韓国で牛肉を食べるなら「チャドルバギ」を食べてみてほしい。牛胸部の骨の真ん中にくっついた、白くて脂ののった部分である。特殊な部位なので、一頭からたくさんはとれない、貴重な肉だ。しゃぶしゃぶ用と同じぐらいに薄くスライスされた肉を、鉄板でさっと焼いて、塩やタレにつけて食べる。焼くのに時間がかからないので、あまり待たずに食べたい人にもおすすめだ。

私の好きな店は、梨泰院(イテウォン)にある「チャドルチプ」だ。手ごろな価格なので、ふところが寂しくても行ける。おかずはどれも化学調味料を使わずに、オーナーが自ら味を確認しながら作っているので安心だ。冷麺も、店内でだしをとっているため特有のくさみがなく、冷麺が苦手な私でさえぺろっと食べてしまえる。

芸能人もよく訪れるというが、店内にはサインも写真もない。オーナーは、「来店した芸能人の写真を飾ると、料理に自信がないから芸能人の写真でフォローしているかのようでイヤだ」と言う。そこで、今後はぜひ貼ってくださいと勧めておいた。どんな人が食べに来るのか興味がある。ペ・ヨンジュンも訪れたことがあるらしいが、ひと目見ようという客で騒動になってしまい、食べずに帰ったそうだ。

大学の教授に連れて行ってもらっておいしかったのが、三角地にある「ポンサン

チャドルチプ

● 住所　龍山区梨泰院洞540
● MAP　P27-C-2
● ℡　02-790-0789
● OPEN　10:00〜22:30（土日）、11:30〜23:00（平日）
● アクセス　地下鉄6号線「緑莎坪駅」2番出口の反対側

チャドルバギとは、前足の前のばら肉。日本ではまずお目にかかれない！
ココ！

チプ」だ。知る人ぞ知る、チャドルバギの名店である。オーナーが自ら肉を買い付けてきて、店でスライスするというが、本当のところは分からない。肉以外におかずはほとんど何も出てこないので割高感があるが、昔からの常連客で店はいつもいっぱいだ。老舗だからか、どちらかというと客の年齢層が高い。ネギと唐辛子がたっぷり入った、この店の甘酢っぱいタレの味が忘れずに長年通う人が多いからだそう。

肉を食べ終わったら、最後にぜひ味噌チゲを注文してほしい。チャドルバギが入った味噌チゲは、肉汁がチゲの中にとけ出していて、非常にうまみが強い。ご飯と一緒に食べると、底なしのようにいくらでも食べられてしまうので、ダイエット中の人は注意が必要だ。

汝矣島にある「チュシンジョン」も、私のよく行く店だ。タレントのキム・ジョンギョルさんが経営している店で、「肉が悪いと思ったらすぐに言ってください」という垂れ幕がかかっているほど、肉には自信のある店だ。冷たいわかめスープとおから、1年熟成させたキムチなど、肉以外のメニューも絶品だ。肉を焼いていると、おばさんがヤカンに入った溶き卵を持ってきて、鉄板の周りに流してくれる。しばらくすると卵焼きのできあがり。これが結構おいしい。レバーやせんまいもサービスで出てくるので、チャドルバギだけ頼んでも、物足りないまま帰ることはない。ところで、チャドルバギは肉の性質上、薄く切らなければならないため、肉を凍らせる必要がある。だから、どこで食べても肉の味はそれほど変わらない。チャドルバギのおいしい店とは、タレの味に左右されると言っても過言ではない。

ポンサンチプ

- **住所**　龍山区龍山洞3街1-21
- **MAP**　P27-C-2
- **☎**　02-790-5022
- **OPEN**　10:00 ～ 22:30
- **アクセス**　地下鉄4号線「三角地駅」1番出口を出てウリ銀行の前を直進、国防部の裏側

チュシンジョン

- **住所**　永登浦区汝矣島洞44-1
- **MAP**　P27-B-3
- **☎**　02-784-6662
- **OPEN**　11:00 ～ 22:00
- **アクセス**　地下鉄5号線「汝矣島駅」5番出口を出て郵便局を過ぎて右折、2本目の通りを左折して直進。右側にあるウリ銀行の隣

[水産市場]

新鮮な海産物とコリアン・パワーを味わえる水産市場では路地裏の店が面白い

新鮮な魚介類が食べたくなると、私はよく水産市場に行く。客と店の人との掛け合いを見るのも楽しいし、水槽から逃げ出そうとするタコや勢いよく跳ねる魚を観察するのも面白い。日本にはない不思議な魚や貝も見られる（ユムシという太いミミズのようなものを見た時は、その形に天地がひっくり返りそうなほど驚いた）。

そして何より、自分の目で確認した素材を調理してもらえるから、安心できるのだ。鷺梁津（ノリャンジン）水産市場はソウルの中心部にあって、市内であればタクシーに乗って行っても料金はそれほど高くない。夜、仕事を終えた会社員のグループや子連れの家族が山のようにたくさんの刺身をもりもり食べている姿を見ると、コリアン・パワーが感じられて元気がわいてくる。

まずは、店先に並んだ水槽を見ながら、食べたい魚を決めることから始める。メイン通りにはものすごい数の店があるから、地元民でさえ、たいていはそこで店を選ぶ。でも、実はメイン通りを歩ききったところから少し奥まった路地にも店がたくさんあって、こちらのほうが安く食べられるのだ。値段を聞いて回ったあとで店を決めるといいだろう。いずれにせよ、どの店でも白熱した客引き合戦が行われていて、気の弱い私には悩みどころだ。とはいえ、市場では弱気になったらおしまい。

鷺梁津水産市場
［ノリャンジンスサンシジャン］

- ●住所　銅雀区鷺梁津1洞13
- ●MAP　P27-B-3
- ●☎　02-814-2211
- ●OPEN　3:00～20:00
- ●アクセス　地下鉄1・9号線「鷺梁津」駅を出て右の出口を出る。歩道橋の階段を直進し、突き当たりを左

この時ばかりは気合いが必要だ。

魚は1匹単位で購入でき、グラム数で価格が決められる。いろんな種類が食べたければ小さな魚を数匹選んで刺身にしてもらえばいいし、でなければ大きな魚を1匹選んで、イカやなまこを別に買うといい。似たような店の並んだ市場では、それほど吹っかけられることはないだろう。値切るよりも、「タコを1匹おまけして」のように、サービスを求めるほうが交渉は楽だ。

選んだ魚はその場でさばいて刺身にしてもらえるのだが、食べるのは食堂だ。大通りの裏手に大小の食堂がそろっている。特に心に決めた食堂がなければ、店の人にお勧めの食堂を聞こう。刺身代を払ってから先に食堂で待っていれば、あとから刺身が運ばれてくる（魚を買った店の名刺をもらっておくほうがよい）。魚以外の貝やタコなどは、生のまま持って行って食堂の人に渡せばいい。おいしく調理してもらえる。私はカキが食べたくて、カキとコマクと呼ばれる貝を1キロずつ購入。食堂に持って行ったら蒸し焼きにしてもらえた。ものすごい量なのに、あまりのおいしさに、完食してしまった。私って、何という大食漢！

食堂では、基本的な野菜やタレなどの料金は払わなければならないが、1人当たり2000W程度なので場所代だと思えばいい。ビールや焼酎も売られているし、最後にメウンタン（魚介類の辛いスープ）やチリ（辛くないスープ）も注文できる。お酒を飲んだら、最後はやっぱり韓国式にスープで締めたい。

店によって閉店時間は異なるが、食堂はたいてい午前1時くらいまではやっている。でも水産市場の店が8時くらいには閉まってしまうので、早めに行こう。

カニを思い切り堪能したいなら…

実はカニはあまり好きではなかったが、「セルフ水産」という店で食べてからはすっかりファンになってしまった。ここで売られているのは、ズワイガニ（韓国語でテゲ）とタラバガニ（キングクラブ）の2種類。タラバガニの価格は1キロで平均4万W前後。時価なので、安い時も高い時もあり、オスのほうがメスよりも高い。普通は2人で1.5キロ頼めば十分。7万Wでおなかいっぱい食べられる（ズワイガニはさらに安い）。カニ味噌を残しておいて最後にビビンバを作ってもらうと、さらに満足度が増す。この店では、カニを注文すれば、あとは食べ物だろうと飲み物だろうと、持ち込み自由だ。私はいつも、スーパーで安い赤ワインを買っていく（オープナーを忘れないように！ワイングラスはないので、ビールのコップで飲むか、持参）。水産市場よりもきれいで気楽なところが気に入っている。

「セルフ水産」衿川区始興井903-5
02-802-1777　12:00～24:00

[参鶏湯・鶏料理]

流行最先端の街で味わうオーガニックな鶏肉で作った参鶏湯(サムゲタン)

私が韓国料理の中で一番好きなのは、ひな鶏を丸ごと1羽ぐつぐつと煮込んだ参鶏湯(サムゲタン)だ。韓方（韓国の漢方）の入ったとろみのある白濁したスープと、鶏肉のだしがきいた透明なスープがあるが、私は後者のほうがあっさりとしていて好きだ。鶏肉を煮るだけだから簡単な料理に見えるが、本当においしい店を見つけるのはけっこう難しい。肉が硬かったり、鶏肉独特のくさみが消えなかったりと、参鶏湯にはうるさい私のお眼鏡にかなう店はなかなか見つからなかった。

そんな中、偶然見つけたのが、狎鴎亭(アックジョン)にある「OMEGA3参鶏湯」という店だ。たまたま近くを歩いていて見つけたのだが、カフェのようなさわやかな店構えなので、本当に参鶏湯の店なのか、一瞬とまどってしまった。参鶏湯というと「歴史ある古い老舗の店」というイメージがあるからだ。参鶏湯の店でさえこんなに洗練されてしまうとは、さすがファッションの街、狎鴎亭だ。

メニューを見てしばらく悩んだが、友人と2人だったので参鶏湯とオーブンバーベキューを1つずつ頼み、取り分けて食べることにした。

カクテキと甘酸っぱい大根、そしてキュウリとタマネギのピクルスが運ばれてきたので、さっそく味見をしてみる。ピクルスはほどよい酸っぱさが何ともいえず美

味。たくさん食べてしまい、これだけでおなかがふくれそうだった。

参鶏湯が出てくるのを待つ間、店に貼られたポスターや手元のメニューの説明を読んで、店名がなぜ「OMEGA3」なのかを知った。「OMEGA3」とは不飽和脂肪酸の一種で、アレルギーやぜんそく、腸炎などに効くらしい。記憶力の向上やイライラ防止にも役立つという。この店ではOMEGA3を含んだ天然飼料で育てた地鶏を、契約農家から直送してもらっている。ただでさえ体によい参鶏湯なのに、OMEGA3まで加わったら最強ではないか。

栄養は満点、これで味さえよければ言うことなしだ。期待半分、不安半分で参鶏湯をひと口すすった。驚いた。一見何の変哲のない参鶏湯だが、澄んだスープはコクがあるし、鶏肉は今まで食べたどこのものよりも柔らかくて、それでいて歯ごたえがある。これはおいしいと、2人で争うようにして食べているところに、オーブンバーベキューがやってきた。

結果を言うと、こちらもハマる味だった。皮はパリッとしているのに、肉をひきちぎると肉汁がたっぷりあふれ出る。「電気焼き」のほうが1000W安かったが、こちらにして正解だった。お店の人の話によると、「オーブンバーベキュー」は、油を引かずにそのままオーブンで焼くので、鶏の脂でジューシーに仕上がるのだという。一方、「電気焼き」は脂が落ちてしまうので淡泊になるのだそう。

これほどビールにピッタリの料理はない。テラス席に座っていたこともあって、気分はすっかりビアガーデンだ。平日の真っ昼間から酔っぱらいながら、また次も来たいと思った。

OMEGA3参鶏湯
[オメガスリー・サムゲタン]

- **住所** 江南区新沙洞660-16 狎鴎亭ロデオスタービル1F
- **MAP** P31-B-3
- ☏ 02-512-5392
- **OPEN** 11:00 〜 1:00
- **アクセス** ギャラリア百貨店名品館前の横断歩道を渡り、百貨店に向かって左側に歩く。最初の交差点を左に曲がり(ハナ銀行がある)、まっすぐ歩いて2つ目の路地を左に曲がり、70mほど行くと右側にある

[屋台]
居酒屋はたくさんあるけどあえて行きたい
ソウルっ子と一緒に飲み明かす喜び

ソウルの酒場は夜遅くまで開いている店が多いから、何もわざわざ屋台に行かなくてもいいとは思うのだが、地元民に混じってソウルの情緒を味わえるのが楽しくてつい足が向いてしまう。午前2時の屋台には飲んだくれたちが集まっていて、隣り合った人とすぐに仲良くなれるような、親しみやすさがある。

屋台ののれん……ではなくて、テントの幕をくぐると、「オソオセヨ（いらっしゃい）」という元気のよい声が聞こえてくる。真夜中なのに、おばちゃんたちは疲れた様子もなく、酔っぱらいたちを相手にしている。

熱いおでんスープがテーブルに置かれ、それをすすりながら、今日のつまみは何にしようかと考える。最近の屋台は昔と違って料理の種類も豊富で、少なくても20〜30種類はあるので悩んでしまう。

私はなるべくならメニューを見ずに、カウンターのショーケースに入っている食材を見て決めるようにしている。お寿司屋さんを連想させるこのショーケースの中には、タコやイカ、魚、肉類など、おばちゃんが市場で仕入れてきた材料が並んでいる。一番新鮮そうに見える素材を選んで、これで作って、といえば、あとは勝手に調理してくれる。冬は生ガキが安くておいしいので、新鮮そうなら迷わずこれを

注文。ほかにも、ムール貝のスープや蒸し卵、オドルピョ（豚の軟骨料理）やタクトンチプ（砂肝）が、私の定番メニューだ（価格は店によって異なるが、どれもひと皿1万〜1万5000W）。

屋台のおばちゃんは、少ない材料を使って本当に見事に作り上げてくれる。それも、ものすごく短時間で。トントントンと野菜を切って、ささっと肉をぶち切って、ジュッと炒める、その手際のよさ。湯気のたつアツアツ絶品のオドルピョは、強い焼酎に絶妙に合うからたまらない。

屋台といえば東大門(トンデムン)が有名だし、南大門(ナンデムン)の屋台は観光客に人気だが、私は鍾路の屋台をひいきにしている。東大門はショッピングに来た人や観光客、地方から買い付けに来た人たち、南大門は外国人観光客（特に日本人）や市場のおじちゃんたちでにぎわっているけれど、鍾路は普通の会社員が多く飲んでいて何となく落ち着くからだ。ただし、鍾路3街はゲイが多いので、肌ふれあう距離で飲む屋台では、男性は注意が必要だ。日本から来た私の友人も、隣で飲んでいたガタイのでかい韓国人男性に気に入られてチューをされてしまい、引き離すのに大変だった経験がある。

アスファルトにテントが張られているだけなので、ストーブをつけていても冬は足下からゾクゾクと冷えるし、夏は蒸し暑い上、蚊と闘わなければならないというのが屋台の欠点。トイレも近場のビルまで行かなければならないのも面倒くさい。

そんな屋台の欠点を解消したのが、近ごろ増えている「室内屋台」だ。室内で屋台の雰囲気を味わえ、一定の場所に店舗があるから正確には「屋台」とは言い難いが、気取らずに飲める屋台の雰囲気をそのまま室内で楽しめる。

鍾路3街ではゲイ客が集まるのよ

[激辛料理]

韓国人も驚きの辛い料理で不況のストレスを吹き飛ばせ！

辛いものなら何でもござれの韓国人であっても耐えられないほど辛い料理が、私の知る限り2つある。1つはプルタッで、もう1つはナクチ・ポックムだ。

プルタッは、チキンを甘辛く炒めた料理。口に入れた瞬間、火がつくような辛さが口の中を襲う。だから「プル（火）タッ（鶏）」というのだろうか？

プルタッは4、5年前にブームになった食べ物だ。韓国版「ウィキペディア」を見ると、「韓国社会の長期不況と景気低迷により、人々がこれを食べてストレスを発散させるために人気を得た食べ物」と書かれている。だが、これを食べてストレスが発散できるのだろうか。これほどの辛さになると、おなかはすいているのになかなか食べられないので、逆にストレスがたまってしまうのだが。

プルタッの仲間には、プルタッパルがある。プルタッは肉の部分だけを使っているが、プルタッパルは足が使われている（P120に出てくる「タッパル」と同じだが、それよりももっと辛いのが「プルタッパル」。基本的には同じ）。

とにかく辛くて味が分からないというのが正直な感想だが、最近の事情は少しずつ変わってきているようだ。以前のように、食べられないほど辛いプルタッを店であまり出さなくなった。どうも人々が、あまりの辛さに敬遠し始めたようだ。いま

ナクチとは2本の手の長いタコのこと。

ナクチ・ポックム
낙지 볶음

の不況へのストレスは、辛さではもう発散できないのだろうか？ところで、どうしても辛くして食べたい方は、お店に頼めばいくらでも激辛にしてもらえるので、挑戦してもらいたい。私としてはいまぐらいが味わうにはちょうどいいが。

もうひとつの激辛料理「ナクチ・ポックム」は、タコ炒め料理だ。韓国での激辛料理の元祖である。韓国料理はえてして、炒めものに辛いものが多いと思う。

「ナクチ・ポックム」といえば武橋洞(ムギョドン)が有名だ。専門店が集まっていて、いつも並ぶほど混んでいる。知人に初めて連れていってもらった。ところが、出されたものは「日本人なのではどほどの辛さに」と頼んでもらった。ひと口食べては水を飲み、スープを飲んで、食事が終わったころには全身汗だらけ。おなかの中はお水でガボガボといった状態だった。

タコ炒めはいまだに辛くて苦手ではあるが、おかしなことに、無性に食べたくなるときがある。少しは味わえる余裕が生まれたようだ。プリプリしたタコをかむときの食感、かんだときにあふれ出る煮汁が癖になりつつある。タコの風味もしっかり生かしながら辛く炒めるのは、なかなかの技術である。

あまりにも辛いので避けてきたナクチ・ポックムという料理だが、最近では「火ナクチ」などのチェーン店で、ピリ辛程度にほどよく味付けした、おいしいタコ炒めが食べられるようになった。激辛を求めるのなら元祖ナクチ・ポックム、ピリ辛でタコの味を味わいたいのならタコ料理店に行くといい。

最後に、私の調べたところによると、唐辛子の辛さは牛乳やヨーグルトを飲むと早く収まるそうなので、前もって買っておくのも対策になる。

プルタッを食べるなら
ホンチョ・レッドステーション

●**住所**　中区忠武路2街66-10
●**MAP**　P28-3-F
●☎　02-757-3333
●**OPEN**　17:00 〜 3:00
●**アクセス**　地下鉄4号線「明洞駅」6番出口を出てミリオレを通り過ぎ、1つ目の交差点を右折して左側

辛くておいしい料理はここ！
ナクチセンター

●**住所**　鍾路区清進洞265
●**MAP**　P27-C-1
●☎　02-734-1226
●**OPEN**　10:00 〜 1:00
●**アクセス**　地下鉄5号線「光化門駅」3番出口を出る。教保文庫から鍾路方面に歩きコンビニ「LG25」の路地を入り100m歩く

[夜食&朝食]

臓物たっぷりの酔い覚ましスープで酔いを吹っ飛ばしてまた飲む堂々巡り

あ〜、やっちまった！　気づいたら酔っぱらっていた。明日の朝は、9時20分発羽田行きの飛行機に乗って、日本へ帰らなければならないというのに……。

韓国在住の友人Hとその仲間たちと「私の送別会」と称した飲み会が始まったのは、ソウルの街が夜の帳にすっぽりと包まれた23時過ぎ。サムギョプサル（豚ばら肉）がウリの焼き肉屋、スンデ（豚の腸詰め）専門店へとハシゴし、各店で韓国ビール、ビールに焼酎を混ぜたソメッ、焼酎、マッコリ、シメはドンドン酒（韓国版どぶろく）と、ガンガン飲んで、ガンガン食べた。韓国人のペースの速さに負けじと乾杯。気もドンと大きくなり、酒をつぎまくり飲みまくる。みんなのテンションはぐんぐん上がり、酔っぱらい度も加速度を増していく。

明日のことを心配する酔った私を気遣ってか、「これが韓国流のホントのシメね！」と友人Hが連れて行ってくれたのは、鍾路1街と教保文庫の裏側に延びるヘジャンクク横丁こと清進洞。この道を行き交うのは千鳥足でフラフラしている赤ら顔の酔っぱらいばかり。そして誰もがひたすらヘジャンククを飲みまくっている。

このヘジャンククとは、特定の料理を指すわけではなく、「酔い覚まし用スープ」のこと。漢字で書くと、「解腸（ヘジャン）」に、スープという意味の「湯（クク）」。

二日酔いの朝の朝食に最適

を合わせた言葉になる。腸を解毒して酔いを覚まそうというわけだ。同じようなヘジャンククの店が数軒並んでいるが、グルメなHがイチオシなのは、1937年に創業したという24時間営業のヘジャンククの老舗「清進屋」。H曰く、どんなにグデンデンでも酒が完璧に抜けるとのこと。どうやら効き目が違うらしい。目の前に運ばれてきたのは、おどろおどろしいスープ。なんだか気分が余計に悪くなってきた。うっぷっ。だって、このスープ、中身があまりにもグロすぎる。

「ねぇ～、このブツブツしているの何？」
「小腸」
「これは？」
「心臓かな？　あれ、肝臓、いや腎臓かな？　私も分かんないよ」
Hとあれこれ押し問答が続く。Hに勧められ、とりあえずひと口すすってみる。
「う、う、うま～い！」
声が1オクターブ裏返ってしまった。見た目とは全く違い、さっぱりとした味わいで、想像を裏切るうまさだ。牛骨でとった深い味わいのスープが疲れた肝臓にじんわりと染みわたってくる。身体もなんとなく熱くなってきて、気温5度というのに、スープを飲み干す頃にはもう汗だく。ヘジャンクク一杯で汗をかくことに意義があるのだとHはいう。実はこの後、またHと屋台をハシゴして、しこたま飲んだ後で聞いた話だが、韓国語には「ヘジャンスル」という言葉があるらしい。これは、ヘジャンククを飲んで迎え酒をするという意味。あ～恐るべし韓国！
（鈴木）

清進屋
[チョンジノク]

●**住所**　鍾路区鍾路1街24　ルメイエル鍾路タウン1F
●**MAP**　P27-C-1
●☎　02-735-1690
●**OPEN**　24時間営業
●**アクセス**　地下鉄5号線「光化門駅」5番出口を出て教保文庫側に渡り右を向いて直進。150mほど歩いた左側、ルメイエルビルの1階

[話題のカフェ通り]

弾丸ツアーには向かないけれど……
話題のエリアでソウルカフェ事情を調査！

買い物にエステに焼き肉にと、駆け足でソウルを回る人向きではない。ゆっくりとコーヒー1杯を楽しむ余裕のある人に勧めたいのが、三清洞(サムチョンドン)だ。この街は近年、個人がこだわりを持って経営するカフェやレストランが多くオープンして、伝統的な歴史の重みと新しさの入り交じった街となっている。

オーナーが自ら取り寄せた豆を店で煎って出してくれるコーヒーがあり、イチゴやチョコを載せた手作りのワッフルを出す店がある。こだわりのある小さな店がいくつも連なっていて、ふと高台や路地を見渡せば隠れ家的な店もある、そんな街だ。どのお店もインテリアにも気を配っている。イスをふんわりとした毛皮で覆って北欧の感じを出してみたり、テーブルもイスも木でそろえてログハウス風にしてみたり。ガラス張りの窓から見える店内を見て回るだけでも楽しい。

昔は何もない街だった。唯一、おいしいすいとんを食べさせてくれる店だけが、この街の存在価値だったように思える。週末ともなると、すいとんの店を目当てにこの街の存在価値だったように思える。週末ともなると、すいとんの店を目当てに多くの人が訪れるのだが、交通の不便な場所なので、みんな自家用車でやって来る。静かな何もない街が、そのときだけは混雑をきわめた。

もちろん今も、すいとん屋さんは健在だ。でも、どちらかというとカフェや洋食

カフェは どこに入っても 外れはない♪

レストランの増えたこの街にぽつんとある古ぼけた食堂は、時代に置いていかれてしまったような寂しさを感じる。

景福宮(キョンボックン)を左手に見ながら北へと歩く道が三清洞の通りなのだが、左手に三清公園が見えるころになると、店も減ってくる。この辺りが三清洞の終点だろう。

一方、ヨーロッパ風のオープンカフェが多く建ち並ぶのが、街路樹通り(カルロスギル)。「ここは本当に韓国?」と思えるようなステキな店が建ち並ぶ。歩いていて、自分好みの雰囲気の店を探すのは楽しいことだ。

入り口でお花とケーキが出迎えてくれる「Bloom and Goute」は、本当にかわいい店。人気のワッフルは、アイスクリームと生クリームがたっぷりのっていて、サクッとした生地の食感と、とろりと甘いクリームの調和が楽しめる。コーヒーが1杯無料でお代わりできるのも魅力だ。

街路樹通りにある店の中で私のお気に入りは、スターバックスの向かい側付近の路地に入った所にある「PAIN・DE・PAPA」というカフェ併設のパン屋さん。黄色い看板が目印だ。オーナーのおじさんは、日本の製菓学校を出て韓国でこの店を開いた方だ。有機栽培の小麦粉だけを使い、その他材料は国内産にこだわっているので体にもいい。試食した黒ビールのパンは、やわらかくて、ほんのり甘かった。甘く煮たりんごがたっぷり入っていて、その場でカフェラテを頼み、りんごパンを食べた。舌がとろけそうで、いくつでも食べられてしまう。手作りパイナップルのジャムも買った。こうしたこだわりの店があるからこそ、街路樹通りは面白い。

PAIN・DE・PAPA
[パン・ドゥ・パパ]

●**住所** 江南区新沙洞548-5 現代ビル106
●**MAP** P31-A-3
●✆ 02-543-5232
●**OPEN** 9:00 〜 22:00
●**アクセス** 地下鉄3号線「新沙駅」下車、8番出口を出て約200m、J-TOWERを左折。街路樹通りのスタバ反対側の路地に入る

Bloom and Goute
[ブルームアンドグテ]

●**住所** 江南区新沙洞545-24
●**MAP** P31-A-4
●✆ 02-545-6659
●**OPEN** 10:00 〜 24:00
●**アクセス** 地下鉄3号線「新沙駅」下車、8番出口を出て約200m、J-TOWERを左折。街路樹通りを300m程直進した右側

[宮中料理]

由緒正しき王室の料理は薄味ながらうま味あり、の奥深き味

朝鮮時代に王や中宮ら、王室の人たちが食べたものを「宮中料理」という。前菜から始まってコースで食べる、「韓定食」の元祖ともいえる。「チャングムの誓い」に出てきた、あの料理だ。

おいしいという噂を聞いてやってきたのが、三清洞（サムチョンドン）にある「龍水山（ヨンスサン）」。一見して高級インテリアとわかる店内は、宮廷ムード満点。私たちは2番目に安い3万8000Wの松定食を頼むことにした。安いとはいえ全16品・超充実のコースだ。

すぐにおかゆと水キムチが運ばれてくる。何だか薄味だなあと思って手をつけると、次から次へと料理が運ばれてきた。こんにゃくともやしを混ぜた料理、エイのあえものにイカの串焼き。一品一品が丁寧に作られているからか、薄味ながらもうまみがある。エイのあえものは、甘酸っぱくてコリコリ感がたまらなくおいしい。4人で取り合いになったが、最後の一切れを無事に手に入れることができた。

豚肉を野菜に包んで食べるポッサムは、とろりと柔らかい豚肉が美味だ。白菜、豚肉、大根、大根キムチ、あみえびの順で載せて食べるのが正統な食べ方だと、お店の人に教わる。順序まで決まっているとは、さすが宮中料理だ。

そろそろおなかがいっぱいかな、というところで、鍋が出てきた。「これは何で

龍水山　清潭店
[ヨンスサン チョンダムジョム]

● 住所　江南区清潭洞6
● MAP　P31-C-3
● ☎　02-546-0647, 0648
● OPEN　12：00～15：00、18：00～22：00
● アクセス　地下鉄3号線「景福宮駅」からタクシーで約5分

すか」と聞くと「鍋です」と言われた。店員さんは、天然ボケか？　何の鍋かを聞いてるのに……。結局、メニューを見せられて「龍水山式寄せ鍋」だということが判明した。野菜がたっぷり入っていて、特にしいたけの深い風味が楽しめた。小さなひょうたん形のトックがかわいくて印象的だった。

もう終わりかな、と思ったら、食事を持ってくるという。冷麺、蓮の葉ごはん、スープ入りおこげの中から選べるので、すでに満腹の私はおこげを選んだ。お湯を注いだおこげに特製味噌を入れて食べる。薄味の宮中料理で、唯一の濃い味で、何だかホッとした。デザートを見て驚いた。覆盆子のお茶と、トマト大福だ。お茶はともかく、トマト大福、初めて見る。

「いちご大福のパクリだね」と言いながら口に含むと、これが意外にもいい味。韓国のトマトは甘くて、かき氷の中にも使われるほどなので、こんなアイデアが浮かぶのかもしれない。宮中料理は、奥が深い。

ちょっと豪華な料理で旅をしめたいとき、普通の韓国料理に飽きたときには足を向けてもいいかもしれない。

イラスト図解　これが宮中料理だ！　龍水山松定食編

① エイのあえもの
真っ赤なので一見辛そうに見えるが、どちらかというと酸っぱめ。

② プルコギ
ハンバーグのようで驚いた。卓上でミニコンロに載せて出される。

③ ポッサム
ポッサムの店で食べるよりも豚肉が柔らかい。包む順番に注意しよう。

④ 寄せ鍋
いろんな物が入っているが、「この味」とはっきり言えない、不思議な味。

⑤ おこげスープ
疲れた胃を休めるにはぴったり。味噌を入れて飲むが、そのまま飲んでもいい。

⑥ トマト大福
甘いトマトと大福の調和が何とも言えず美味。もう一度食べたい一品だ。

全16品、他にもいろいろあるけど印象に残ったのはこの6品。

[路上フード]

時間がなくてもすぐに食べられるから あれこれ試してみて

ソウルの街には、あちこちに路上フードの屋台が出ているので、毎日が縁日気分になれる。フードの種類も味も、どんどん進化していくので、何が売られているのかを見るだけでも楽しい。だが、最近は価格が上昇気味だ。特に明洞（ミョンドン）などの繁華街は非常に高く、お店で食べたほうが安くつくこともあるのは少し悲しい。

路上フード天国といえば、鍾路（チョンノ）だ。中でも庶民に愛されているのが「キム・トク・スン」。「キムパブ（のり巻き）、トッポッキ、スンデ（腸詰め）」の略称だ。

その手軽さから、時間がないときは私も路上フードを食べることもある。しかし、何度か食あたりをしているため、店選びは慎重に行うようにしている。

それでも、最近はかなり清潔になった。ひと昔前まで、おでんはみんなが同じしょう油つぼに浸して食べていた。その不衛生さがテレビで取り上げられて以来、そうした店は減ってきている。個別にしょう油皿を渡したり、吹きかけられるようなスプレー式にしたりと、店ごとに頭をひねっているようだ。いまだに共同のしょう油つぼを使っている店があったら、その店は衛生観念がないので避けよう。

ちなみに、おでんは、店先の鍋から勝手に取り出して食べ、串の数の分をまとめて支払えばいいのだ。食べ終わってから、スープも自由にすくって飲んでいい。

ソウル・路上フード大図鑑

スイーツ系

プンオパン
韓国版たい焼きだが、モデルはフナ。日本のたい焼きよりもふた回りほど小さいが、中にはひと口サイズのミニプンオパンや、イカ、貝の形をしたものもある

ホットック
餅米をこねた生地の中に、砂糖とピーナッツとシナモンの粉のあんを入れて焼いたもの。しっとりしたものと、せんべいのようにカリカリしたものがある。1枚500Wくらい

ホド菓子
「ホド」とはクルミのこと。カステラのような生地の中に、クルミ入りのあんが入った甘いお菓子。焼きたては特にホカホカしておいしい。天安(チョナン)名物

クァベギ
中に何も入っていない、砂糖をまぶした細長いねじりドーナツ。ふわふわしたパンタイプや、カリカリに揚げたものがある。1本200Wくらい

ワッフル
バターやクリームを入れて焼いてくれる。焼きたては香ばしくておいしいが、早く食べないと中身が溶けて手がべたべたになるので注意

明洞の33cmソフトクリーム
以前は20cm台だったが、高さに挑戦しているのかいまではついに30cmを超えた。明洞のところどころで見かける。落とさないように注意!

スナック系

キム・トク・スン
路上フード天国の鍾路で人気のある食べもの。キムパブ(のり巻き)、トッポッキ、スンデ(腸詰め)の略称。「キムトクスン」というメニューをおく店もある

天ぷら+トッポッキ
トッポッキの甘辛いソースに天ぷらを浸して食べる。注文するには天ぷらとトッポッキを指さして、混ぜるしぐさをすればいい。「おでん+トッポッキ」を食べる女子高生も多い

トースト
バターを引いた鉄板の上で、食パン2枚と野菜や卵焼きを同時進行で焼いて作ってくれる。ホットサンドに近い。砂糖を入れる店も多いので、イヤなら抜いてもらおう

[日本食]

おでんに生ラーメン、なんちゃって居酒屋……進化するソウルの日本食事情

海外に来てまで……と思いつつ、ときには恋しくなるのが日本料理だろう。ひと昔前まで、韓国で日本食といえば「日式」が主流だった。ここでは、刺身をひと皿注文すると、山のような突き出しが出てくる。注文したのはヒラメだけのはずなのに、おかゆから始まって、貝やマグロやなまこなどの刺身類はもちろん、野菜やら天ぷらやら焼き魚やらが大量に運ばれてきて、満腹になったころには寿司まで出てくるといった始末。そうなるともう、自分が何を注文したのか忘れてしまう。

一般的に日式は、取引先のお客さんをもてなしたり、少し奮発したいときに利用されることが多い。高級なイメージがあるし、個室で静かに話ができるからだ。韓国ドラマの中でも財閥の会長が利用するのは必ず日式の店。だから、もし刺身を食べながら焼酎を1杯やりたいのなら、大衆刺身店（フェッチブ）のほうが気取らずに食べられるし、安くつく。

日式に加えて、数年前から日本食の食べられる店として現れたのが「日本式居酒屋」だ。今では「居酒屋」という日本語もすっかり定着したし、あちこちで日本語の看板が見られるようになった。オーナーのヘンなこだわりで名前の付けられた店が多く、店名に込められた意味を察してみるのも楽しい。

たいていの居酒屋は、インテリアはとても日本的なのに、料理そのものは少し感覚がズレている。盛りつけのおかしな刺身や、コクがなくて大味の長崎チャンポン、揚げ方がイマイチの天ぷら。日本通の友人においしいと勧められた店に行ったら、焼きうどんが甘すぎた。韓国人オーナーが見よう見まねで作った「なんちゃって居酒屋」が多いからだろう。それでも見慣れた名前が並んだメニューを見ると何となくホッとするし、たまに掘り出し物といえる料理に出合うこともある。

一方、日本人が経営する店は料理はおいしいが、本格的だから値段も高いので、日本人駐在員の憩いの場と化している。

近年では、「おでんバー」なるものも増えた。韓国では練り物自体を「おでん」と呼ぶので、具のバリエーションは少なく、たいていは串に刺した練り物しかない。だから、これを日本食と呼んでいいのかは分からないが、1本1000Wから食べられるし、韓国では普通の飲食店には置かれていない日本酒が飲めるのは魅力的。こぢんまりとしていておしゃれな店が多く、若いカップルにも人気で、ちょっと一杯やりたいときには最適だ。

日本の生ラーメンの店も10年前に比べてだいぶ増えた。韓国でラーメンといえば、1杯2000Wで食べられるインスタントラーメンが普通だから、その数倍もする日本式生ラーメンなんて食べようと思わなかったはずだ。だが、日本に留学や旅行をした人が増えて、豚骨独特のくさみを苦手とする人も多かった。的にも余裕が生まれたからか、その味を恋しがる人たちも多い。生ラーメンも少しずつ受け入れられつつあるようだ。

おでんバーならここ
Chong-gyoun-Odenchip
[チョンギョウン・オデンチプ]

● **住所**　江南区新沙洞570-3
● **MAP**　P31-A-3
● ☎　02-3444-5045
● **OPEN**　17:00 ～ 2:00
● **アクセス**　地下鉄3号線「狎鴎亭駅」4番出口を出て最初の交差点を左折、コンビニ「BUY THE WAY」を右折して直進。左側

おすすめ居酒屋（串焼き）
よしみ商店

● **住所**　西大門区滄川洞52-45
● **MAP**　P27-B-2
● ☎　02-332-1197
● **アクセス**　地下鉄2号線「新村駅」1番出口を出て、現代百貨店裏側のセブン-イレブンの路地に入り、コンビニ「GS25」で左折した左側

[珍味]

くさいけどうまい、グロいけどうまい
韓国四大珍味を食べ比べてみる

韓国には、とんでもなくくさいのに、もしくは見た目がとてもグロいのに、なぜかハマってしまう珍味がたくさんある。

韓国珍味の代表といえば、何といっても「ホンオフェ」。発酵させたエイの刺身だ。日本のくさやのように強いにおいを発するが、そのくささは世界で2番目に強烈だというから、初めて食べたときは卒倒しそうになった。あのアンモニア臭を言葉で表現するなら、何日も掃除していないトイレの、こもったにおいとでも言うべきか。とはいえ、実はあの鼻を突くようなくささこそがいいのだ。口の中ではじけるような味わいも快感だし、柔らかくてしこしこしているだけでなく弾力のある身、コリコリした骨をかみ砕くその歯ごたえは、珍味にふさわしい幻想的なハーモニーを醸し出している。最初は敬遠していた人たちも、何度か食べるうちに魅了されてしまい、さらに発酵の進んだものを求めるようになる。

ホンオフェはマッコリと相性がいい。シュワシュワとはじけるホンオフェを、甘くて冷たいマッコリで流しこむのが一般的な食べ方だ。昔ながらの店では、ぼこぼこにへこんだヤカンにマッコリを入れて、金メッキのコップで飲ませてくれる。中身は平凡なただのマッコリなのに、情緒が感じられて、そんな泥臭さが乙である。

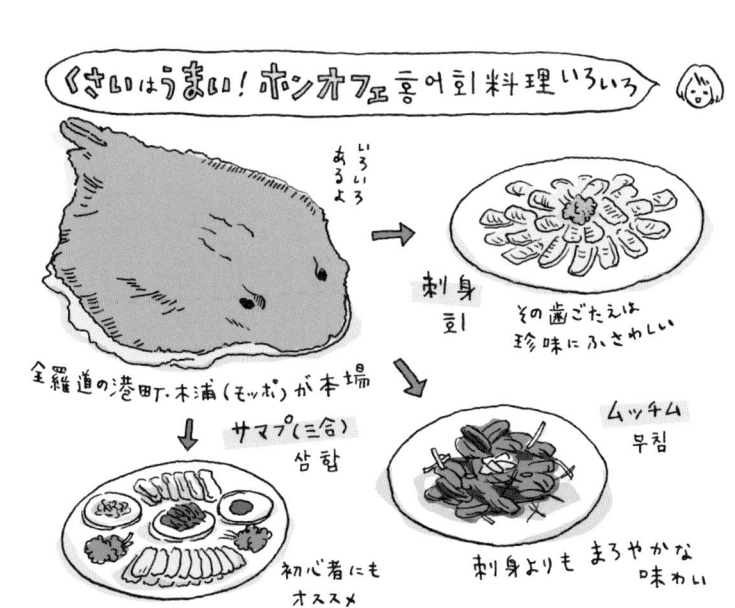

ホンオフェを蒸した「ムッチム」は、刺身で食べるよりもまろやかな風味になる。身も骨もとろりとしていて、箸で簡単にほぐれる。鶏の軟骨をかみ砕くときの感触が、私は好きだ。ゆでたセリと一緒に食べると、においもそれほど気にならない。

食べられるかわからないけれど一度は食べてみたい、という人は、「三合（サマプ）」を頼むといい。ホンオフェを、ゆでた豚肉と一緒にキムチで包んで食べる料理だ。鼻の奥がツーンとする刺激がコクのある豚肉で中和されて、初心者にもオススメだ。

日本にはない（韓国料理店を除く）料理といえば、犬肉のスープ「補身湯（ポシンタン）」だ。頭の中で想像してしまってかわいそうでダメ、という人も多いだろうが、肉は黄犬と呼ばれる食用の犬肉を使い、愛玩犬ではないということで、一応はご了承を。

日本の土用の丑に当たる「伏日」というものが韓国にはひと夏に3回あって、栄養のつく参鶏湯や補身湯を食べるのが習わしとなっている。この日は焼酎を片手に犬肉を囲む人の姿があちこちで見られる。

くさいはうまい！ホンオフェ홍어회料理いろいろ

いろいろあるよ

全羅道の港町.木浦（モッポ）が本場

刺身회
その歯ごたえは珍味にふさわしい

サマプ（三合）삼합
初心者にもオススメ

ムッチム 무침
刺身よりもまろやかな味わい

犬肉の食べ方には、タン（スープ）、ジョンゴル（鍋）、ムチム（和えたもの）、スユク（湯がいたもの）の4つの食べ方がある。私が一番好きなのはスユクだ。ぷりぷりと弾力のある肉を箸でつまみ、ごまや味噌などその店ならではのソースにつけて、野菜と一緒に食べる。肉本来の味を楽しめるので、犬肉好きはスユクを好む人が多い。

ジョンゴルは、お肉自体も柔らかくておいしいが、うまみはスープにあると思う。犬肉は少しくさみがあるので、香辛料をいろいろ入れてにおいを抑えているのだが、調理の下手な店だと肉が固くて生ぐさくて、とても食べられたものではない。犬肉に関しては特にお店選びも重要になる。また、スユクもジョンゴルも2人分以上からしか注文できないので、1人で行ったときはタンを頼むことになる。あつあつのスープに、テーブルに備え付けのゴマをたっぷりふりかけて食べるのがポイントだ。

日本ではあまり見かけないけれど、私がハマった料理が、コムジャンオ。日本語では「ぬたうなぎ」と呼ばれ、アナゴとウナギの合いの子のような海の魚だ。体は円筒形をしていて細長く、褐色の肌に退化してしまってない目。見た目は巨大ミミズのように不気味である。

実は私はこの魚が好きではなかった。テーブルに出されるときは切り刻まれてしまっているので、けっして見た目のせいではない。浅瀬の泥の中で生活している魚のせいか特有のにおいがして、少し食べると「うっ」と来てしまうからだ。

ところが、そんな私をコムジャンオ好きにしてくれた店がある。何の変哲もない街角の、ぼろぼろの室内屋台だ。ここのコムジャンオは、少しだけ甘みを加えたピ

おすすめ珍味レストラン（犬肉）
オンドッチブ

●住所　中区忠武路2街49-3
●MAP　P28-F-3
●℡　02-2274-2334
●OPEN　11:00～22:00
●アクセス　地下鉄4号線「明洞駅」10番出口を出て、世宗ホテルを越えた最初の交差点を渡って左折。さらに3本目の路地を右折

おすすめ珍味レストラン（ホンオフェ）
シナンチョン

●住所　鍾路区内資洞1592
●MAP　P27-C-1
●℡　02-725-7744
●OPEN　11:30～22:00
●アクセス　3号線「景福宮駅」7番出口を出て、「韓国の家」の路地を入り20m歩く

リ辛のタレで、くさみをしっかりと消している。さっと湯がかれたものを炭火で軽く焼いて食べると、コリッとしたかみごたえがたまらない。くせになりそうだ。ちなみにコムジャンオは釜山が有名なので、行く機会があったら食べてみるといいだろう。

おいしいのだけど、見た目がものすごく気持ち悪いのが「タッパル」だ。「タッ」が鶏、「パル」が足。つまり、「鶏の足」料理なのだが、足というより、もうほとんど「指」である。4本の指の形がしっかりと残った足が、皿いっぱいに出てくる。形があまりにもリアルすぎるので、最初に見たときは絶句した。

とにかく、何も考えずに、ひと口食べるといい。そうすればもう「タッパル」のとりこ。やめられなくなってしまう。コラーゲンたっぷりの足は、ぷよぷよしていて口当たりはマイルド。コムジャンオと同じような甘辛のタレにつけたものを炒めて食べるのだが、びっくりするほどコクがある。まるで数日間煮つめてとった肉のだしのように、たった1本の足でさえ濃厚な味わいがする。見た目と味との差がこれほど大きい料理も少ないだろう。ただし、頭の中までヒリヒリしそうなほど辛いタレを使う店もあるので、注文する前に辛くしないでと言っておいたほうが安全だ。

これらの珍味を話のタネに食べてみたい、という人のためにおすすめのお店を挙げておいたので、ぜひ旅の思い出に、チャレンジしてみてほしい。

おすすめ珍味レストラン(コムジャンオ)
ウアクセ

●住所　江南区清潭洞119-9
●MAP　P31-C-3
●☎　02-516-7110
●OPEN　17:00 〜 6:00
●アクセス　地下鉄7号線「清潭駅」9番出口を出て、清潭交差点の方向に300m進み横断歩道を渡り右折して30m歩く

おすすめ珍味レストラン(タッパル)
ホンミ・タッパル

●住所　江南区新沙洞502-1 シンサビル1F
●MAP　P31-A-4
●☎　02-545-2119
●OPEN　17:00 〜 5:00
●アクセス　地下鉄3号線「新沙駅」6番出口、漢南大橋方向に向かいリバーサイドホテルの向かい側

[ホプ・民俗酒店]

ビール党の私が自信を持っておすすめするソウル1ビールがうまい店

二次会でお酒を飲みに行く場所の代表といえば「ホプ（HOF）」。ビールを飲む店のことで、簡単に言えばビアホールだ。韓国のあるビールメーカーが、一定規模以上のビール施設を持った店に「ホプ」という名称を使わせるようにしたのが始まりだというが、今ではビールさえ出せば、みんな「ホプ」の看板を掲げている。街を見渡せば、どこもかしこも、ホプばかりだ。

韓国人は、チキンを食べながらビールを飲むのが好きなようで、チキンホプが人気だ。定番メニューは「フライド」や「味付け」。注文すると丸ごと1羽分が出てくるが、フライドと味付けを半々にしてもらうこともできる。値段もほぼ変わらない。メニューには書かれていないが、いろいろと融通がきくのだ。韓国は。

私は鶏肉はけっこう好きだし、家でもよく唐揚げを作って食べる。でも、韓国のチキンホプで食べるのはあまり好きじゃない。鶏肉のくさみとやたらギトギトした油が苦手だからだ。最近はチキンホプで使う油の汚さが社会的問題になったせいか、だいぶ改善されたが、まだ真っ黒な油を使っている店もあるようだ。そんな店では、くさくて食べられたものじゃないチキンが出てくる（といっても、私が食べられないだけで、普通はあまり気づかないようだ。私って、すごくデリケート？）。

ブロイハウス2000

- **住所** 銅雀区新大方洞395-69
- **MAP** P27-B-4
- **☎** 02-841-5556
- **OPEN** 15:30～3:00
- **アクセス** 地下鉄2号線「新林駅」下車、ロッテ百貨店冠岳店はす向かいのアカデミータワー6階

Two Two Fried Chiken
[トゥルトゥルチキン]

- **住所** 永登浦区大林1洞756-5
- **MAP** P27-A-4
- **☎** 02-847-2279
- **アクセス** 地下鉄2・7号線「大林駅」4番出口を出てすぐ

そんな私がわざわざ食べに行くチキンがある。「Two Two Fried Chiken」という店の「マヌル・トンタク」だ。にんにくをまぶした、チキンの丸焼きである。おばちゃんが、皮をむいたチキンをさっと揚げて、そこにすりおろしたにんにくをたっぷり塗りこむ。鉄板プレートの上でジュージューいっている丸焼きは、見るだけで食欲をそそる。イヤな油のにおいもしないし、チキン特有のくさみもしつこさも、にんにくがきちんと消してくれている。つけ合わせに出されるキャベツの千切りと大根の甘漬けも、口の中をさっぱりとさせるのには効果的だ。

夏場は店の外に即席ビアガーデンが設けられるから、週1で通ってしまうこともある。さわやかな夜風を浴びながらの生ビールとチキンは最高だ。ただし、ここでは大林(テリム)駅前の店に限っての話。チェーン店なのであちこちに支店はあるが、店ごとに味が微妙に異なる。

ビールを飲む店だというのに、ホプの生ビールをおいしいと思ったことは実はあまりない。水を入れたかのように薄くて濁っていて、時にはすっぱいとさえ感じるようなビールを出す店もある。これは、サーバーの中の管をきちんと掃除をしていないからだ。驚いたことに、店が掃除の仕方を知らないことが多い。これには理由がある。韓国の生ビールは、「ハイト」とか「カス」とか、銘柄を指定して飲むわけではないので、お客さんにはどこのビールか分からない。ビール会社も、どうせどこのビールかも分からないのなら味なんてどうでもいい。面倒くさいので、サーバーの掃除の仕方まで教えない、ということになる。

そこで、本当においしいビールを飲みたいなら、ビールにこだわりのある店に行

「日本人価格」には要注意!

日本人同士で鍾路にある民俗酒店に行ったときのこと。最初はハングル表記のメニューを出されたが、日本人と分かると突然、日本語メニューを持ってきてくれた。まあ親切ね、と思ってメニューを見てびっくり。3〜4000Wずつ、高く設定されているではないか!

ひと昔前まではよくあったことだが、いまだに「日本人価格」があるとは知らず、怒りよりも驚きのほうが先立ってしまった。ちなみに、二重価格は違法です。

くしかない。私のお気に入りは、大方洞(デバンドン)にある「ブロイハウス2000」。ハウスビールが飲める店だ。

ひと昔前のホップのようなインテリアで、入ったときは一瞬「えっ、大丈夫かな」と思うが、ビールが出された瞬間、そんな不安は吹っ飛ぶ。ふんわりと細かい泡が載っていて、ビール自体に艶が感じられる。

ブラックとブラウンの2種類のハウスビールがあって、どちらも非常にコクがある。ほのかな甘さまで感じられるから、炭酸飲料のような生ビールしか知らない人は舌を巻くに違いない。こんなにおいしいのに、江南で飲む半分の価格で飲める。つまみに頼んだソーセージも何と手作りで、パリッと皮が破れる音まで聞こえてきそうにプリプリしている。地元に住む友人が教えてくれたここは、まさしく地元民しか知らない、こだわりの店なのだ。

ホップ以外にもお酒を飲む場所はたくさんあるが、たいていがホップの仲間だ。もし韓国的な雰囲気にひたりたいなら、民俗酒店に行くといい。韓国式居酒屋で、ビールや焼酎はもちろん、マッコリやドンドン酒、韓国の伝統酒が置かれている。伝統酒といっても日本の地酒のように種類はそう多くはなく、百歳酒(ペクセジュ)だとか山査酒(サンサジュ)、覆盆子酒などのありふれた酒ばかりなので、あまり期待はできない。

それでも、伝統的な韓国の家屋に似せたインテリアの中で、パジョン（チヂミ）やキムチチゲ、豆腐キムチなどのつまみを食べながら酒を飲むと、ゆったりとした気持ちになれる。素朴なログハウスチックな店内を見ながら、「ああ、ここは韓国なんだな」としみじみ思う。民俗酒店を探すなら仁寺洞が便利だ。

〜まわる〜まわるよ〜

気分は健康！
五十歳酒

百歳酒 ＋ 焼酎

ビール ＋ ウイスキー

爽快な化学変化！
爆弾酒

ビール（ウイスキー）

お酒を飲みにいったら、韓国人がよくやる「チャンポン」に挑戦してみてはどうか。水やジュースで割るのではなく、お酒をお酒で割るのだが、どれもおいしい。焼酎の焼（ソ）と麦酒の麦（メッ）をとって、ビールと焼酎を混ぜたものを「ソメッ」という。必ずビンビールを使い、ビールと焼酎は3対1の割合で入れる。韓国のビールは軽口なので、焼酎を入れることで濃くなってうまみが増す。

マッコリにビールを入れて飲むのは「メッコリ」という。甘くて冷たいマッコリを炭酸水で割るような感覚だ。ジュースみたいで飲みやすくなる。

百歳酒と焼酎を1本ずつ混ぜ合わせたものは「五十歳酒」オーシッセジュという。アルコール度数の高い焼酎を薬酒で割ることで、気分的に健康になれる。実は焼酎を飲むお客さんたちに何とか百歳酒を飲んでもらうための、百歳酒側の営業戦略だったらしい。

そして、ビールにウイスキーを入れたものは「爆弾酒」ポクタンジュという。ウイスキーを入れたショットグラスを、ビールの中に落とすと気泡が生まれ、爆弾のようにはじけることからそう呼ばれている。ウイスキーの甘さとビールの爽快感が混ざって、個人的にはこれが一番おいしいと思う。

ぜひ、週末の夜を楽しむソウルっ子に混じって、ソウルならではのお酒を堪能してほしい。ただし、チャンポンで飲むときはほどほどに。翌朝起きられなくなる。

◇挑戦してみよう！韓国式チャンポン！◇

ビンビール ＋ 焼酎　ビールのうまみが増す　ソメッ

マッコリ ＋ ビール　ジュースみたいで飲みやすい　メッコリ

[韓国の伝統酒]

ワイン感覚で楽しめる「百歳酒(ペクセジュ)」は飲めば飲むほど健康になる魅惑のお酒!

百歳酒というお酒がある。といっても、「養命酒」のような医薬品の薬酒ではない。12種類の生薬(韓方の材料)を入れて発酵させた薬酒だということからそう呼ばれるようだ。

このお酒は、ほのかに甘くてまろやかで飲みやすい。口当たりがいいので、お肉を食べながらでもキムチチゲを食べながらでも、気軽に飲める。韓方のにおいもするので、飲んでいるとだんだん健康になっていくような気分になれるのもいい。

そんな百歳酒好きにオススメなのが、生百歳酒を飲める「百歳酒マウル」だ。百歳酒を造っている会社「麹醇堂(クッスンダン)」の直営店で、ソウルに8店舗ある。

生百歳酒は生ビールと同じように、殺菌のための熱処理をしていない。低温生産・冷蔵流通システムを通じて、新鮮さを維持した百歳酒だ。そのためか、口に含むとまわりついてくるような濃厚な味わいがして、ひと口飲むだけで、そのおいしさに魅了されてしまう。瓶入りよりも韓方のにおいがきつい、という人もいるが、私は生のほうが気にならないと思った。アルコールのとがったにおいがしないので、むしろずっといい香りがする。

「百歳酒マウル」では、百歳酒の種類も豊富だ。凍らせた生百歳酒、普通の瓶百歳

百歳酒マウル(鐘閣店)
[ペクセジュマウル　チョンガク]

- ●住所　鍾路区貫鉄洞265 2F
- ●MAP　P30-A-4
- ●℡　02-720-0055
- ●OPEN　18:00〜2:00
- ●アクセス　地下鉄1号線「鐘閣駅」4番出口、右手の路地を入って右折した左側(少しだけ奥まった場所にあり)

酒、甘みを抑えた「百歳酒 淡」、プレミアム百歳酒。普通の食堂ではここまではそろっていない。一度にいろいろな味を試してみるチャンスだ。百歳酒以外にも、この会社が作っている焼酎や果実酒、マッコリなどもあるので、お酒好きなら一度は足を運んでみるといいだろう。

実はここ、お酒だけでなく、料理もけっこうおいしい。スンデ（腸詰め）やパジョンなど、ホブで食べられる定番はもちろん、松の葉ポッサム（松の葉でいぶした豚をキムチに包んで食べる）や燻製カモのロースト（燻製カモをスチームオーブンで焼いたもの）など、凝った料理も多い。料理に合うお酒も紹介されているので、選ぶのも楽だ。ひと皿の量も多いので、夕食時に行くのもいいかもしれない。

ちなみにこの店では、全店をあげて水曜日だけ、男性9000W、女性6000Wで生百歳酒飲み放題イベントが開かれる。手ごろな価格なのでこれまでに水曜日を狙って私も数回行ってみた。だが、思ったほどガブ飲みできるものではなかった。ワインや焼酎ならどんどん飲めるのに、百歳酒は甘みがあるせいか、飲み過ぎると気持ちが悪くなってしまう。それでも貧乏根性丸出しで、元をとるために頑張って飲むので、翌日は割れるような頭とムカムカする胃を抱えて、一日中寝込むことになる。だいたい、450mlが6000Wなんだから、1本飲めば十分元が取れるはずだ。ところが、一緒に行くメンバーがなぜかいつも、あまり飲めない人たちなので、結局、私1人が頑張ることになる。飲み放題では、メンバーも重要だということにやっと気づき、最近では欲張らずに、普通に飲むことにしている。

百歳酒マウル（新村店）
[ペクセジュマウル　シンチョン]
- 住所　西大門区滄川洞41-14 B1
- MAP　P27-B-2
- ☎　02-3233-103
- OPEN　18:00〜2:00
- アクセス　地下鉄2号線「新村駅」より徒歩8分

百歳酒マウル（江南店）
[ペクセジュマウル　カンナム]
- 住所　瑞草区瑞草洞1317-11 ヌードジョンビルB1
- MAP　P26-D-4
- ☎　02-595-1003
- OPEN　18:00〜2:00
- アクセス　地下鉄2号線「江南駅」より徒歩3分

ご当地バーガーをあなどるなかれ

column

ファーストフードは嫌いじゃない。そんなことを言うと、味覚に疎い非健康人間だと誤解をされる可能性もあるが、無性にハンバーガーが食べたくなることが正直たまにある。

外国へ行くときは、基本的に現地ならではのおいしいものが食べたいから、ファーストフードという選択肢はなるべく却下したいところなのだが、それでもやっぱりたまに食べたくなるから不思議だ。

外国のファーストフード店というのは、それが日本にもあるような世界的チェーンだったとしても、微妙にメニューが違っていたりして、実は意外と異文化を楽しめるスポットだと思う。たとえば牛肉がタブーなインドでは、ハンバーガーなのに野菜類で作られたパティを採用していて感動したのを覚えている。

韓国のファーストフード店にも、韓国らしい変わったメニューが存在する。プルコギ系のハンバーガーである。たとえばマクドナルドには「プルコギバーガー」というメニューがあり、日本にてりやきバーガーがあるのと似た感覚なのではないかと思っている。バーガーキングでは「プルコギワッパー」という名前のメニューで、さらにサイズが少し小さめの「プルコギワッパーJr」も選択できる。Jrだとセットで47000Wだが、これでも十分にお腹いっぱいになるところはさすがはバーガーキングだ。

ほかにも変わったところでは、ロッテリアに「ライスプルコギバーガー」というのがある。パンではなくライスでプルコギを挟んだもので、いちおうハンバーガーということになっているからピクルスなども中に入っている。実はこいつがめちゃくちゃうまい（と僕は思っている）。お肉のたれがほどよく甘めの味付けで、ご飯との相性はバッチリ。よくよく考えると結構ジャンクな食べ物ではあるけれど、クセになる味だ。

そういえば、この前ソウルに行ったときに、「韓国旅行はロッテリアとともに」という日本語コピーの看板が出ていた。そのコピーではないけれど、個人的には次に韓国へ行ったときにもまたぜひライスプルコギバーガーを食べてみたいと思っている。

韓国のロッテリアで食べられるライスプルコギバーガー。単品で3800W、ポテトとドリンクが付いたセットは5300W

明洞にあったロッテリアは閉店してしまったらしいが、周辺だとロッテデパートの地下にロッテリアが入っている

第6章

自分みやげからバラマキみやげまで

買い物編

[南大門市場]

買い物天国・南大門(ナンデムン)でさらに安く買い物する方法

観光客が最も気楽に行ける市場は、何といっても南大門市場だ。日本人観光客が多いので日本語もよく通じるし、たとえ通じない店でもすぐに近所の店からヘルプが飛んでくるから困ることはない。また、日本語環境が整っているだけでなく、市場の風景そのものにも親しみが感じられる。これでもかとばかりに商品が軒先に積まれた南大門市場を見て、日本人は異口同音、「アメ横みたい〜」とはしゃぐ。

服やカバンはもちろん、雑貨や布団、食器、おもちゃ、食べ物など、南大門市場には何でも雑多にあるので、見て回るのは本当に楽しい。整然としていないからこそ、掘り出し物を見つける楽しみがあるのだ。

たとえば、百貨店やスーパーでは売られていない、不思議なチョコ。「人参チョコ」から始まって、「サボテンチョコ」「のりチョコ」「唐辛子チョコ」など、奇妙なものが入ったチョコのレパートリーを、私はけっこう気に入っている。自分ではあまり食べたくないが、お土産にはピッタリだ。何度か買って行ったが、(のちほど味を聞いたところ、どれもけっこうおいしいそうだ)。

それから、ブランドからデザインを拝借したような、不完全コピーバッグもある。安いうえにそれなりにかわいいので、ブランドにこだわらないならお買い得だ。

南大門で太刀魚を!

南大門市場の中にある「太刀魚横町(カルチコルモク)」はものすごく細い路地だが、新聞やテレビでもよく紹介されているので、昼食時はかなりの人込みになる。どの食堂も数テーブルしか置けないほど小さいので、人気のある店は待たれることも多い。

「カルチジョリム」は、太刀魚を甘辛く煮付けた料理だ。ほかほかのご飯にのせて食べると、2杯くらいは平気で食べられてしまう。ご飯に太刀魚のたれを混ぜてのりに巻いて食べてもおいしい。太刀魚もさることながら、味のしみこんだ大根も美味。一緒に「ケランチム(卵蒸し)」も注文しろと勧められるかもしれないが、1品頼めばおかずもたくさん出るので、カルチジョリムだけを頼んでもおなかいっぱい食べられる。ここには10軒以上の太刀魚の店があり、「ヒラク」や「チュンアンシクタン」などが有名だが、インターネットの韓国人のクチコミでは「ワンソンチプ」という店の評判が最もよい。

店の前を歩いていると、「社長さん、見るだけなら タダです」「お姉さん、中に入って」などと、声をかけられたり腕を引っ張られたりするが、それほど怖がる必要はない。彼らは総じて親切だし、純朴な人も多いし、意外と言っては失礼かもしれないが、大卒のエリートも多い。わからないことは何でも聞いてみよう。

南大門市場で楽しく安く買い物をするのなら、お店の人と仲良くなるにつきるのだ。仲良くなるのは簡単。店に入ると、冬は温かいコーヒーやお茶、夏は冷たいドリンクを出してくれて、「日本はどちらから？」のひと言から会話がはずむ。

大いに仲良くなって友だちになれればしめたもの。友達の頼みは断れないのが韓国人の情だ。「お願い、ちょっとまけて〜」と頼むと、「仕方ない。また来てくださいよ」と言って、快く値引きしてくれる。それだけでなく、ほかの店で買った重い荷物を一時的に預かってくれたり、その店で扱っていない商品なら、ほかの店も紹介してもらえたりする。紹介された先でも「お友達価格」で買えるので、ひいきの店をひとつ、作っておくといい。

南大門お買物MAP

- 南大門
- 火事で燃えてただいま復旧中
- 文房具や雑貨を買うならこのあたり
- レッツゴー
- 私はここの海苔屋でいつも買う
- 紳士服・子供服が多い
- たちうおのおいしいお店が並んでいる
- メインストリート
- mesa
- ファッションビルなので雨の日も安心して買い物ができる
- 観光案内所
- メガネ屋さんが並んでいる
- まがどこ？

A	アクセサリー、メガネ
B	アクセサリー、雑貨、婦人服
C	メガネ、時計、雑貨、カメラ
D	食品、野菜、魚、乾物
E/F	婦人服、ホームウェア、Tシャツ、ブラウス
G	紳士服、Tシャツ、アクセサリー、インテリア用品、陶磁器
H	子供服、婦人服

［ファッションビル］
地元民も知らないファッションアイテムの穴場 高速バスターミナル地下商店街へ急げ！

日本人にもすっかりおなじみの東大門(トンデムン)。ミリオレやドゥータなどの有名ファッションビルには、センスのいい服がたくさんそろっていて、見て回るだけでも楽しい。有名デザイナーの服はないが、若手がオリジナルのデザインで売っているから、1点物の服も手に入る。ほかにはないお気に入りがきっと見つかるはずだ。

ファッションビルに行くと、デザインがかわいくて安いから、ついつい買いすぎてしまうのだと友人たちは嘆く。

「ファッションビルの服なんて、ワンシーズン着てポイッでしょ？ あんな高額になるんなら、百貨店でいい物を1つ買うんだった」

確かに百貨店の服を何枚も買って、毎年買い換えるのも楽しいんじゃないかなと思う。

東大門は夜が忙しい。金・土曜日の夜になると、19時過ぎから地方から仕入れに来た人や買い物客でごった返す。地下鉄の終わっているその時間帯は、タクシーがなかなかつかまらないので、注意しよう。

さて、実は地元民も知らない人が多いのだが、ファッションビルよりももっと安
[続く]

....

ハロー apM
［ヘローエイピーエム］

● 住所　中区乙支路6街18-35
● MAP　P31-B-2
● ☎　02-6388-1114
● OPEN　10:30 〜 5:00
● アクセス　地下鉄2・4・5号線「東大門運動場駅」14番出口徒歩3分

江南高速バスターミナル地下商店街
［カンナムコソクバスターミナル チハサンガ］

● 住所　瑞草区盤浦洞364-1 歩道地下
● MAP　P26-D-4
● ☎　02-2290-6227/ 1区域　02-2290-6534/ 2区域　02-2290-6189/ 3区域
● OPEN　10 : 00 〜 22 : 00（店により異なる）
● アクセス　地下鉄3・7号線「高速ターミナル駅」8番出口方面。左、右の順に曲がり、標識に沿って進む

いところがある。江南高速バスターミナル地下商店街だ。地下鉄3または7号線「高速バスターミナル」駅で降りて8番出口方面に進むと表示があるので、これに沿って歩けばたどり着ける。

500店舗ほどが集まったこの商店街は、服から下着、ストッキングや生活用品、アクセサリーまで何でもそろっていて、その上、ファッションビルよりも3割程度安い。1万Wあればステキなナシャツやブラウスが買えるし、日本から輸入されたかわいい服も安く手に入る。一周しているると時間がたつのも忘れてしまうほど楽しい場所だ。私も先日、ルームソックスを3足5000Wで買った（その先の店では4足5000Wで売られていてショックだったが）。日本の1枚分の価格で3枚買えるので、おみやげにもなる。とにかく、買い物好きなら見逃せない場所だ。夜10時には終わってしまうので、早めに行こう。

ショッピングモールではないが、意外と穴場なのは、地下鉄駅の通路にある店だ。地下鉄が複数乗り入れている駅は、ホームからホームへ向かう通路に店が多く集まっている。激安の店が多く、掘り出し物が見つかる可能性大だ。ござを広げて売る露店も安くて、カバンや財布、手袋（冬）、Tシャツ、ジャージなど、ブランド物も売られている。本物かどうかは、保証の限りではないが。

普通のファッションビルではない独特なアイテムが買えるのは、弘益大学前に点在する店だ。美大で有名な弘益大学の学生街は、アートの街だけあって、奇抜な服や珍しいデザインの服が買える。人と同じものはイヤという人はここで買うといい。ただし、ちょっと高めだ。

卸し向けか、小売り客向けか？

ミリオレなどのファッションビルは、小売り客向けの場所なので買い物がしやすいが、意外にも高価だ。一方、卸し専門の店は安いが、小売り客は相手にしてもらえないことも。客層を見れば、卸し向けか小売り向けかがわかるだろう。どちらにしても、東大門では不親切な店員が多いので、気にしないこと。また、総合市場は手芸を趣味とする人たちにとってうってつけの場所。シルク、毛糸、ボタンなど、あらゆるものが卸し値で手に入る。

doota！
［ドゥータ］

●住所　中区乙支路6街　DOOTA（ドゥサンタワー）
●MAP　P31-B-1
●☎　02-3398-3005
●OPEN　19：00〜5：00（月）、10：30〜5：00（火〜土）、10：30〜23：00（日）
●アクセス　地下鉄1・4号線「東大門駅」3番出口徒歩5分

［サムジキル］仁寺洞（インサドン）の新名所では自分みやげを探したい

「胃腸の弱い方は、朝晩スプーン1杯のはちみつで、かなり丈夫になりますよ」とお姉さんに言われて、はちみつの効能を初めて知った。

ここは、仁寺洞で人気のスポット、サムジキル。「サムジ」というファッション・雑貨ブランドの会社が作った文化空間で、食べ物から雑貨、洋服まで、さまざまな種類の小さな店が寄り集まっている。

建物も独創的で、小さな中央広場をロの字型に巡らせた通路と建物で構成されており、通路を歩き進むといつのまにか4階に着いてしまうという、階段のいらない構造になっていて面白い。プチ表参道ヒルズとでも言うべきか（それはちょっと褒めすぎかもしれない）。ともあれ、韓国の若い女の子たちに人気のここは、仁寺洞に行ったら必ず寄りたい場所だ。きっと、自分用のおみやげが見つかるはず。他にはない個性的な商品が売られているサムジキルだが、ここで私が買ったものは、アクセサリーのたぐいではなくて、はちみつだった。1階の「ボクレム」は、養蜂場が直接運営する、はちみつの専門店だ。

「最近は中国産だとか、近くに砂糖を置いてミツバチに運ばせる養蜂場が問題になっていますが、うちは野生の草花をエサにするミツバチから採れるはちみつです」

まがいものの出回っている世の中だ。養蜂場の方が直接運営しているお店なら、信用できそうだ。何よりも、はちみつのお酒が目を引いた。お酒好きの私が興味津々で見つめていると、「これはなかなか珍しいものなんですよ」と細長い瓶を持ち上げながらお姉さんは言った。

はちみつのお酒は、はちみつの巣を壊してお酒と一緒に発酵させたものなので、養蜂場でなければ作れないものだという。それも、大量生産できないので、一般では手に入らないそうだ。夜、寝る前に1杯飲むと、よく寝つけるらしい。はちみつの巣も買おうか迷った。はちみつの巣は、スーパーやデパートで買うとどんと大きなものが買えるが、ここではかけらがいくつか入っているだけ。

「スーパーのものは、防腐剤が入ってるんですよ。うちは薬を使っていないから、ほうっておいたら虫がわくこともあります。でも、その虫も食べられるから大丈夫」

私は、はちみつ酒と、はちみつの巣と、はちみつのお酒を飲んでみた。甘くて、アルコールくさくなくて、美味だ。「深い香りのする酒は人を酔わせる」というが、確かに何杯でも飲めてしまう。結局、25度のお酒1瓶を、1人で飲んでしまった。あれほど深酒をしたのに、頭がすっきりとしている。これこそ薬酒の効能だろうか。二日酔いの朝、ひとかけら食べれば治る、と言われたはちみつの巣を食べる。二日酔いではないのでその効果はわからないが、甘くてとろけそうだ。トーストに、濃いはちみつを厚く塗って食べたら、何だか力がわいてくる気がした。

ボクレム(サムジキル内のはちみつの店)

● ✆　031-774-5714
● OPEN　11:00 〜 21:00

サムジキル

● 住所　鍾路区寛勲洞38
● MAP　P30-B-1
● ✆　02-736-0088
● OPEN　11:00 〜 21:00
● アクセス　地下鉄1号線「鐘閣駅」3番出口を出て直進。交差点に出たら横断歩道を渡らずに左折。仁寺洞通りの右側に薬局が見えたら、その少し先

[書店]

日本の本を安く買える大型店で書店観光はいかが？

本や雑誌はもちろん、CD・DVDから電子辞書、雑貨、そして音楽やミュージカルの公演チケットまで、およそ文化的な商品といえるものなら何でもそろっているのが、地下鉄5号線「光化門」駅にある教保文庫だ（江南にもあり、地下鉄9号線とつながっている）。ファッションビルやスーパー以外にはショッピング・センターがほとんどない韓国では、大型書店がその役割を果たしているといえる。

韓国最大の書店である教保文庫は、平日の昼間も人は多く、夜や週末ともなるとバーゲン中の百貨店にもまさるほどの人込みになる。特に児童図書のコーナーには、子どもに大声で絵本を読み聞かせるお母さんたちや、床に座り込んで本を広げる子どもたちであふれていて、「買ってから家でやってよ！」と悪態をつきたくなるほどひどい状態になっている。だが、日本では見られない光景なので、観光客にとっては面白いかもしれない。

韓国語を勉強する人なら、韓日辞典を買うといいだろう。日本よりも辞書の種類が豊富で安い。8000円もする小学館の『朝鮮語辞典』とほぼ同様の内容である『NEW ACE 韓日辞典』が、3万5000Wで買えるのだ。それも、教保文庫の会員カードを作れば、マイレージ積み立て（3

永豊文庫・現代百貨店弥阿店
[ヨンプンムンゴ・ヒョンデペッカジョム　ミアジョム]
- 住所　城北区吉音洞20-1 現代百貨店8F
- MAP　地図外
- 02-2177-2233
- OPEN　10:30 〜 20:00
- アクセス　地下鉄4号線「吉音駅」9番出口を出て前方に約500m。徒歩10分

教保文庫・光化門店
[キョボムンゴ　クァンファムンジョム]
- 住所　鍾路区鍾路1街　教保生命ビルB1
- MAP　P27-C-1
- 02-1544-1900
- OPEN　9:30 〜 22:00
- アクセス　地下鉄5号線「光化門駅」から連結

％）もできるから、実質的にはもっと安くなる。ところで、この会員カードは、外国人でも案内デスクに行けばその場ですぐに作れるので、ぜひ作っておきたい。1000W以上たまれば現金として使える。それに教保文庫は日本語や英語の外国書籍が充実しているが（小説や実用書は韓国をテーマにした書籍が豊富）、外国の本は雑誌以外ならなんと10％引きで買える。定価がウォン建てなので、レートによっては日本で買うよりも安く買えてしまうこともあるのだ。英語の本も日本よりずっと安く買えるので、英語学習者にも便利だ（文房具類はホットトラックスという会員カードが必要）。

一周して疲れたらカフェや食堂もあるので、コーヒーを飲みながら買った本を読んでひと息つくのもよい。カフェの席は多くないが、コーヒーを買って隣の食堂に持って行って飲んでもいい。

大型書店といえばほかにも、永豊文庫ヨンプンムンゴやBANDI&LUNI'Sなどがあり、それぞれ江北・江南地域に支店があるので、こちらを利用しても便利だ。どこもそれぞれ日本の書籍もあって広々としている。

見晴らしがよい書店に行きたければ、現代百貨店弥阿ミァ店の8階にある永豊文庫がいい。ソウルで一番高い場所にある書店で、晴れた日にはガラス張りのフロアから北漢山も見えて、実に爽快だ。

また、日本の本が読みたければブックオフもある。日本人駐在員や留学生、日本の本がほしい韓国人がよく行く。日本のブックオフの韓国支店で、中古の本やCDなどが手に入る。韓国の中古本はないので、あしからず。

BOOK・OFF ソウル駅店
［ブックオフ］
●住所　龍山区東子洞12 ゲートウェイタワー 1F
●MAP　P27-C-2
●☎　02-3789-1449
●OPEN　10:00 〜 21:00
●アクセス　地下鉄1・4号線「ソウル駅」11番出口を出てすぐ

BANDI&LUNI'S・COEX店
●住所　江南区三成洞159　COEX地下アーケード
●MAP　P26-E-3
●☎　02-6002-6002
●OPEN　9:30 〜 22:30
●アクセス　地下鉄2号線「三成駅」5・6番出口を出た、COEXモールの中

[皮革製品]

革を買うなら東大門（トンデムン）と梨泰院（イテウォン）比較検討して納得いくものを！

夜の東大門の人出には、いつもながらに舌を巻く。両手いっぱいに買い物袋をぶらさげた観光客、地方から大量仕入れに来た小売り商、ウインドー・ショッピングに忙しいカップル。道路には、駐車場を探してうろうろしている車や、荷物を載せたワゴン車、買い物客を運ぶタクシーで、混雑極まりない。

そんな人込みの中でも、安く革製品を求めて、人々は光熙（クァンヒ）ファッション・モールへと向かう。

このビルの2階には、革のジャケットやパンツを扱う店が200軒以上も並んでいて、幅広い種類の革製品が手に入る。ウォッシュ加工を施したジャケットを中心に扱う店や、店オリジナルのデザインが売り物の店、高級ブランドのデザインに似せた店。バラエティが豊かすぎて、目移りしてしまう。

数多くの店の中で、私のお気に入りは「ROBO」というお店。ほかの店に比べて斬新で洗練されたデザインが多い。それも、ひと目で分かるほど革の質がよい。

「うちはイタリアから高級な皮を直輸入して、国内で製作しています。その上、薄利多売をモットーとしているので、ほかの店に比べて質がよくて安いのでは？」と、女性オーナーがにこやかに語った。

光熙ファッションモール
[クァンヒファッションモール]

- **住所** 中区新堂1洞777
- **MAP** P31-B-1
- ☎ 02-2238-4352
- **OPEN** 21:00 〜翌16:00
- **アクセス** 地下鉄4号線「東大門駅」下車、8番出口を出てDOOTAの向かい側に渡った路地裏

安いだけでなく革の質が違う！

ほかの店で18万Wだといわれたレディースのライダースジャケットが、ここでは16万W。安いだけではなくて、革の質がまったく違うのだ。色合いもとても自然で、バリエーションも豊富。さまざまなファッション雑誌や番組に衣装を提供しているためか、芸能人にも人気があるブランドだ。

レザーといえば、梨泰院も人気がある。米軍基地が近いため外国人が多いこの街の革製品は、スタイリッシュなものが多い。日本語や英語もよく通じ、店の人が丁寧にアドバイスしてくれる。ゆっくりと考えて選べるし、何枚でも試着できるので、安心して買い物ができる。

梨泰院で有名な店といえば「ノースビーチ」。どちらかというと価格設定は高めだが品質がよく、1階が女性用、2階が男性用に分かれているほど、品ぞろえが豊富だ。流暢な日本語を話す店員さんたちも、革製品の販売を10年以上続けているベテランばかり。お客に似合うデザインをうまく見つけ出してくれるので、ソウルに来たらとりあえず一度はこの店に寄る、という人も多く、日本の芸能人にも常連が多い。IKKOさんやデヴィ夫人なども訪れている。

革製品を買うなら、光熙ファッションモールと梨泰院、と相場が決まっているので、もし時間が許せば両方に行ってみるといい。比較ができるので、満足のいく買い物ができるだろう。光熙ファッションモールは梨泰院より比較的安く買えるが、市場という性格上、小売り客には無愛想な店も多い。梨泰院はその点、気楽なショッピングが楽しめるが、光熙よりも高い。

ノースビーチ

●住所　龍山区梨泰院洞119-11
●MAP　P27-C-2
●℡　02-793-6098
●OPEN　9:30～21:00
●アクセス　地下鉄6号線「梨泰院駅」1番出口を出てすぐ

ROBO（光熙ファッションモール2階34・35号）

●℡　02-2253-0836
●OPEN　21:00～5:00

[COEX]
東洋最大級のショッピングモールで話題の店を食べ歩いてみた

酷暑だろうと極寒だろうと関係なく楽しめるのが、三成洞(サムソンドン)にあるCOEXだ。映画館、水族館、キムチ博物館などのアミューズメントや、レストラン、ショップ、免税店など、260のテナントが集まった東洋最大級のショッピングモールである。メニューが257種類というシーフードビュッフェ「TODAI」、カジュアル服や雑貨などの集まった「ENTER6」など、韓国のトレンドが集まった場所といっても過言ではない。

2008年秋に開店した「Bread & Co. Shilla」というパン屋さんはおすすめ。ホワイトをベースにしたインテリアがさわやかな店だ。パンの種類も豊富で、特に小つぶのあんパンたちが目を引く。いろんな種類があって、何だか木村屋みたいだ。くるみ、かぼちゃなどがおいしそうで迷ったが、紅茶あんパン(800W)とブラックガーリック・あんパン(600W)を買ってみた。

紅茶あんパンを食べて、驚いた。あんこからほのかな紅茶の香りがする。これはいけると夢中になって食べ終えて、もう1種類にもかぶりついた。こちらは別の意味で驚いた。ガーリックとあんこの調和が、非常に妙な味わいだ。味はともかく、土産話にするには面白いあんパンだろう。

....

COEX MALL
[コエックス　モール]

● **住所**　江南区三成洞貿易センター COEX
● **MAP**　P26-E-3
● ✆　02-6002-5312〜3
● **OPEN**　24時間営業(店舗は10：00〜22：00)
● **アクセス**　地下鉄2号線「三成駅」5番出口から直結

いつ行ってもお客が列を成している店がCOEXには2つある。そんなにおいしいのかと思い、「オムト・トマト」に10分並んで入ってみた。フュージョン・オムライス店だ。40種類以上のメニューがある。ライスも選べるので、少し値段を追加してハラペーニョ・ライスにした。チリトマトを注文する。ライスもチリトマトにする。

出てきた料理はというと……。うーん、ツメが甘い。だって、オムライスの命はふわふわとトロトロ卵なのに、その「ふわふわ」さが中途半端なのだ。味もイマイチなうえに、チリ+ハラペーニョにしたせいか、辛すぎたので完食できなかった。

もう1軒は「クラゼバーガー」。手作りハンバーガーがおいしいと評判の店だ。この手のハンバーガーを食べ慣れた人にとっては、高いわりに今ひとつと感じるかもしれない。でも、韓国のオリジナルブランドという点では、話のタネにいいかもしれない。

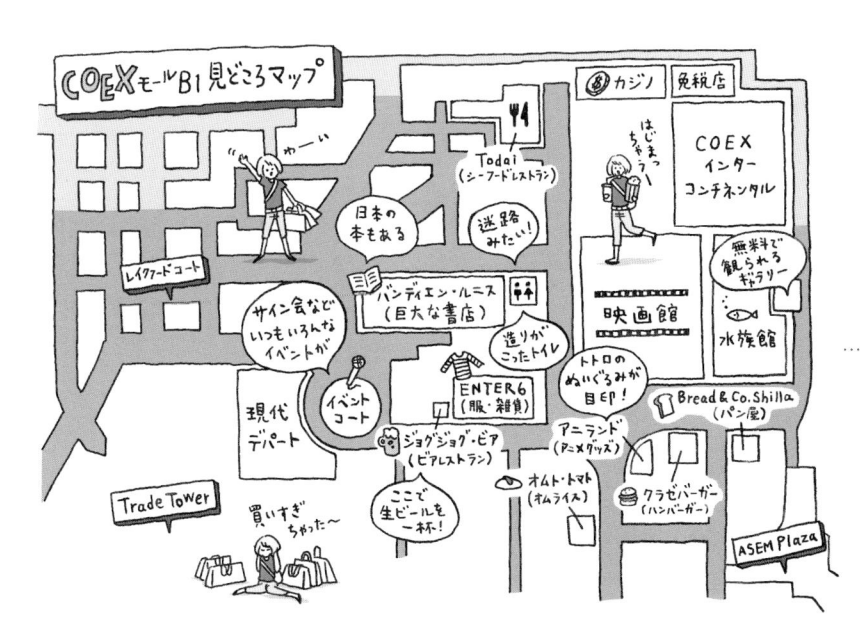

ただ、どちらの店も、あちこちに支店があるのに、ここに来て並んでまで食べたくなるのは、COEXという空間が生み出すマジックなのかもしれない。そうまでして食べたくなるのは、COEXという空間が生み出すマジックなのかもしれない。

[大型スーパー]
日本人観光客にやさしいロッテマートでバラマキみやげを探そう！

スーパーは、量が多くて安いバラマキみやげを仕入れるのには最適の場所だ。しかし、日本人と韓国人とでは、「スーパー」と聞いて思い浮かべるものにズレがある。韓国人が思い描くスーパーとは、街角にある小さな食料品店で、コンビニほどの大きさのものから、その2～3倍のサイズのものだ。一方、日本人が考える、イトーヨーカ堂や西友などの大規模スーパーのことは、韓国では「マート」と呼ぶ。韓国人に「スーパーはどこ？」なんて聞いたら、付近の食料品店に案内されてしまうかもしれない。必ず「マート」の場所を尋ねよう（「マートゥ」と発音する）。

主なマートは、イーマート、ホームプラス、ロッテマートなど。日本人観光客にとって最も便利なのは、ソウル駅にあるロッテマートだろう。明洞や南大門などの繁華街から近く、夜12時まで営業しているので、1日の日程を終えてからでもゆっくり買い物できるし、日本人に人気の商品には日本語の説明も添えられている。

カートを利用する場合は、100W玉を入れればチェーンを外すことができる。使用後、ほかのカートと連結させれば100W玉は戻ってくるので、忘れないように。大きなカバンは持ち込めないので（ショッピングバッグは別）、入り口付近のコインロッカーに預けるとよい（コインは後で戻ってきます）。

ロッテマート・ソウル駅店

● 住所　中区蓬莱洞2街122
● MAP　P27-C-2
● ✆　02-390-2500
● OPEN　10:00～24:00
● アクセス　地下鉄1・4号線「ソウル駅」駅1番出口を出てすぐ

在住者がすすめる スーパーお土産大図鑑
迷ったらこれを買おう！

職場に！バラまきみやげ部門

小分けのキムチ
においもないし、小さなパックに入っているからみんなに配るのも楽ちん。種類もいろいろあるので選べてうれしい。

割れないビンの焼酎
「チャミスル」「チョウムチョロン」などプラスチック製の容器や紙パックの焼酎が出ている。軽くて割れないので持ち運びに便利。

インスタントカレーラーメン
オッヘウモギ
インスタントカレーはまずいが、このカレーラーメンはなかなかいける。450mlの水で4分間ゆでればOK。水は入れすぎないように。

バターワッフル *お菓子*
甘すぎずパリッと割れる感覚がくせになる。コーヒーのお供にはピッタリ。KTXの一等車でも出されるお菓子。

小分けのゆず茶
オフィスなど、大勢に配りたいときに便利。ゆず茶はレモンの1.5倍のビタミンCを含み、風邪や神経痛、二日酔いに効く。

Market O リアルブラウニ
合成添加物を一切使用していない、自然主義のお菓子。しっとりしていて、牛乳と一緒に、または温めて食べてもおいしい。

よもぎ蒸しナプキン *女性向け* *礼知美人*
よもぎ座浴が手軽にできる発熱パッド。冷え性や婦人病、便秘などに効果的だ。座っているとヨモギの香りがして優雅な気分になれる。

料理好きに！食材部門

チョジャン
酢の混じったコチュジャンで、辛くない。生牡蠣につけて食べると、ポン酢とは違ったおいしさが。刺身につけてもグッド。

カンテンジャンの素 *プルムウォン*
野菜にご飯をこれと一緒に包んで食べるとおいしい。水50mlを入れ、中火で5分とろっとなるまで煮る。唐辛子を入れて煮てもいい。

[コスメ]
チープコスメもよいけれど確かな品質の韓方化粧品はいかが？

今の韓国は、チープコスメブランドの全盛期だ。洗練されたさわやかなインテリア、ナチュラルっぽさを印象づける容器、店員さんの可愛いユニフォーム、そしてモデルは人気芸能人ときているから、ついふらふらっと店に吸い込まれてしまう。

そこで、コスメの店が点在する明洞を一周してみた。

モデルをクォン・サンウからペ・ヨンジュンに替えてから、日本人客に人気の「ザ・フェイス・ショップ」。一番早くチープコスメ業界に参入したため、昔からの愛用者が多く集まっている「ミシャ」。ピンクに塗りたくられた店内がひたすら可愛い「エチュードハウス」。店内で無料メイクをしてくれるからか、若い韓国女性たちがたまっている「バニラコ」(ここのハンドクリームはいいにおいがして気に入ったが、肌への浸透度がイマイチだったので、NG)。「イッツスキン」は、ほかの店にはないドクターズコスメが、なかなかよさそうな感じがした。

ほかにもまだまだ店はたくさんあるが、どこのブランドも個性がありそうに見えて、実は品質自体は似たり寄ったりの気がした。何年も愛用し続けるほどすばらしい品質のものは少ないように思う。実際、30代以上の韓国人OLはチープコスメはほとんど使用せず、品質の確かなブランド品を買う。お肌の曲がり角を感じる年ご

ろになると、美にうるさい韓国人は、お金がなくても化粧品はいいものを使うので、チープコスメは20代対象のブランドのようだ。

私もご多分に漏れず、この年になるとやはり、化粧品は見た目よりも値段よりも品質、というのがモットーだ（もちろん安ければうれしいけど）。そこで、私がひいきにしている明洞の店をひとつ紹介する。「ジープラスコスメティック」という、ユニクロのはす向かいにある小さな店だ。「インテリアもあか抜けてないし芸能人を使って宣伝もしていないが、質のよい化粧品を取りそろえている。日本にはない、韓方配合の自然化粧品を中心に販売していて、大切な人へのお土産にも適している。

私が愛用しているのは、ここだけのオリジナル韓方化粧品「皇后」。「皇后 秀」という栄養保湿クリームは、コラーゲン、スクワラン、ヒアルロン酸が含まれていて、目元をリフトアップさせてシミを薄くするという効果がある。10万5000Wと高価だが、一度使うと手離せなくなる。あのIKKOさんもご愛用らしい。

また、「皇后」ブランドのピーリングも手離せない。今まで使っていたものは、こするとすぐに角質がポロポロ取れて楽だったが、洗い流したあとで若干ひりひりしてお肌が荒れた。ところがこちらは、とにかくマイルド。顔に塗って2分ほど軽く乾かすのが面倒だが、こすると消しゴムでこすったように角質が取れて、洗い流すとお肌はしっとりしている。最後に化粧水を塗って栄養保湿クリームを塗ったら、エステ帰りのようにお肌がもちもちしていた。

ただし、こうした韓方化粧品は、成分が多く含まれていればいるほど、高麗人参や韓方のにおいが苦手な方にはお勧めできない。韓方のにおいが強烈になる。

BBクリームの話
BBクリームは「Blemish&Balm」の略で、メイクアップベースとファンデーション、2つの機能を持った化粧品のこと。100％天然成分の「Alex」などのBBクリームは、痛んだ皮膚を整え、肌の欠点をカバーしてくれる化粧品として、エステサロンでピーリングの後に使われていた。だが、最近多いチープなBBクリームは、ローションにファンデーションを混ぜた程度の化学成分配合の製品で、お肌にいいとは言えない。買うときは吟味を！

G+cosmetic
[ジープラスコスメティック]

● 住所　中区忠武路1街22の17
● MAP　P28-E-3
● ☎　02-776-7554
● OPEN　9:30～23:30
● アクセス　地下鉄4号線「明洞駅」6番出口を出て、中央通りを直進、1本目の交差点を左折。150mほど行った右側

［メガネ］
フレームは1万Wから!?
レンズも込みだともうちょっと高いんだけど……

「あらら、傷だらけですねー、このメガネ」

痛いところを突かれてしまった。ソウルのメガネ屋での話である。店先にディスプレイしてあるメガネのフレームを試着しながら、鏡とにらめっこをしていたら、それまでかけていた僕のメガネを手にとった店員さんがボソリとひと言。もうかれこれ7年間も使い込んできたメガネだから、素人目にもだいぶくたびれ果てているのは気が付いていた。自分でもわかっちゃいたんだけど、日本人並みに流暢な日本語でそう身もフタもない真理を言われてしまうと、ちょっぴり気恥ずかしい。

2万Wフレームのコーナーへと移動すると、「これなんかいいですよ。日本にはあまり売っていないデザインです」と店員。かけてみると……、うん、なかなかっこいいではないか。しかも形状記憶タイプのフレームらしい。

「こうしてビヨーンと曲げても大丈夫です！ビヨーンと曲げても」とやたらと"ビヨーン"を強調する店員の言葉に乗せられて、自分もビヨーンと曲げてみる。おおっ、確かに形が崩れないし、しかも軽い！「形状記憶フレームは日本で買うと高いですよ」とも言われたが、本当だろうか。

韓国はメガネが安く作れるというのは知っていた。最近は日本でも低価格を売り

にしたメガネ屋は増えてきてはいるけれど、外国でメガネを作るというその行為自体がなんとなくメモリアルな感じがして、2万Wならおみやげに買って帰ってもいいかもなぁ、とにわかにお買い上げモードが漂ってきたのである。

「レンズ測ってみましょうか？ いまかけてるメガネと同じでいいですか？」と聞かれて、「えっ、ああそれじゃああお願いします」と僕。カウンターの奥にある機械でサクッとレンズを測ってくれたが、せっかくなので、改めて視力検査もしてもらうことにした。日本にあるのと同じようなピッピッと開いている方向を「上、左、ええと……下、かな」といった感じで言い当てていく検査を済ませると、「乱視があるみたいですね」とのご指摘。はいその通りです。

そんなこんなでとんとん拍子に話は進み、あれよあれよといううちに、まんまとクレジットカードでお買い上げしてしまったのであった。レンズ込みで結局7万Wである。「フレームは2万Wなのに」と考えると少々ビミョーな気分なのだけれど、新しいメガネをゲットできる喜びにテンションが上がっているから、いまさら「やっぱりいらない」なんて言えなかった。

なんとたった30分でできるというので、近くのCD屋などで適当に時間をつぶしつつ、きっかり30分後に訪れたら見事に完成していた。すばらしい！

「すぐにかけますか？」と聞かれたが、「あ、いや、持って帰ります」と答えたら、なぜかシャネルの紙袋に入れてくれた。メガネが入っているとは思えないほどパンパンな袋を覗くと、粗品として韓国海苔がたくさん入っていた。（吉田）

明洞でメガネを買うなら！-②
ビエンナメガネ
[ビエンナアンギョン]

● 住所　中区明洞2街31-7
● MAP　P28-F-3
● ☎　02-753-4677
● OPEN　9:00〜22:00（日曜は10:00〜）
● アクセス　地下鉄4号線「明洞駅」6番出口を出て、パスクチを過ぎてすぐ右折。ホテルから電話すればお迎えあり（2階は無料の休憩所）

明洞でメガネを買うなら！-①
リーガルメガネ
[Regal Optical]

● 住所　中区明洞地下商街 ラ-3号
● MAP　P18-D-2
● ☎　02-778-3348
● OPEN　9:00〜21:00
● アクセス　地下鉄2・3号線「乙支路入口駅」6番もしくは7番出口を出て、ロッテホテルの前の大通りを明洞方向へ進むと地下街への入り口が見えてくる

[骨董街]

専門家が訪れる骨董街は「手で触れられる」タダの博物館

ソウルの中心から少し外れた踏十里(タプシムニ)という街には、韓国の骨董品を中心に扱う通りがある。いや、「通り」というと語弊があるかもしれない。正確には「踏十里古美術商店街」といって、3棟のビルに約150の店が集まった骨董品の街だ。骨董品の単一市場としては韓国で最大の規模を誇る。

李朝家具や韓国の骨董品といってすぐに思い浮かべるのは仁寺洞(インサドン)だが、専門家は踏十里を訪れる。骨董品店を営む人、古美術を使うインテリアデザイナー、韓国の伝統料理店のオーナーなど、骨董品が必要な人は意外と多い。

特に骨董品店にとってここは、大切な市場だ。踏十里で仕入れた骨董品をきれいに磨いて飾れば高く売れるからだ。ここで1万Wで買ったものを数十万Wで売る店もあるという。ちょっとやり過ぎ?

数年前からは庶民の間でもアンティーク家具がブームになっているため、コレクターもたくさん見られるというが、なかなかいいアイデアだ。お金がかからない。「手で触れられる博物館」に見立ててやってくる親子連れの姿もよく見られるという。

小さなお店が寄り集まっているため、1軒1軒見て回る楽しみがある。それぞれの店に特色があって、陶磁器を扱う店があるかと思えば、家具を中心にした店や、

仁寺洞は
おみやげ選びには
もってこいのエリア

生活用品が多い店など、オーナーの好みがはっきりと分かれていて面白い。市中よりも安く買えて、種類も豊富で、見るのも楽しい。いいことずくめのように思えるが、実は私のような骨董品初心者にとっては、気楽に楽しめる場所ではない。中古品と骨董品の区別がつかないからだ。

たとえば、お皿。祭祀に使われる漆塗りの皿が置かれている。でも、これは本当に歴史の重みがある皿なのだろうか。ゴミ捨て場に捨てられていた皿を拾ってきたのではないか。もしかしたらレプリカかもしれない。そんな疑問にとらわれる。絵画だってそう。色あせた絵が飾られているが、うまいのか下手なのかもわからない。家具だとかお箸だとか、装飾用にはステキかもしれないが、果たして値段に見合った価値なのかが、わからない。李朝時代の小さなお膳が15万W。安いのか、高いのか……。でも、そんなことを思いながら眺めるのもひとつの楽しみ方だ。

骨董品というものは、値段がつけられないものなのかもしれない。自分がゴミと思うようなものを、お金を出してでもほしいという人もいる。芸術のひとつなんだなあと改めて思う。だから初心者は、最初から高価なものに手を出さず、小さくて安いものから買うのもいいだろう。探せば千W単位のものもある。

最近ではこの街でも、韓国の骨董品は減ってきていて、東南アジアや中国から入ってきたものが増えている。淡泊な色合いの韓国のものとは違い、概して模様や色が華やかだ。また時々、ヨーロッパ風のアンティークも見られる。総合的な骨董街に生まれ変わりつつあるようだ。

踏十里古美術商店街
[タプシムニミスルサンガ]

- ●住所　東大門区踏十里5洞
- ●MAP　P26-E-1
- ●℡　02-2171-6262
- ●OPEN　10:00〜18:00
- ●アクセス　地下鉄5号線「踏十里駅」2番出口を出て、ハナ銀行を左折

1ウォンでも得するための両替＆買い物術

column

　1Wでも安く買い物をするためにまず必要なのは、1Wでも高く両替してもらうことだ。では、どこで両替するのが得策か。

　日本の銀行で換金してくるのは、やめたほうがいい。韓国で100円が1400Wで換金できた日、日本では1250Wしかもらえないと言われた。宿泊先のホテルで換えるのもすすめられない。

　レートがよいのは、意外にも空港にある銀行だ。街中の銀行で換えるよりもレートがいいことも多い。明洞や南大門、梨泰院などにある換金所で換えるのも手だ。ちなみに、梨泰院が一番換金率がよいと言われている。

　私はというと、街中の取引銀行で換えている。大きな額を換えるとレートを上げてくれるので、普通よりずっと高く換金してもらえる。観光客であっても大金を換えるなら、銀行で交渉してみるのもいい。

　デパートやマートなど、大型店で買い物をする場合は、日本に商品を持ち帰ることを条件に空港で税金が返ってくる「タックス・リファウンド」の制度が利用できることが多いので、まず確認しよう。パスポートを見せて、レシートにスタンプを押してもらい、空港で書類と一緒に品物を見せれば、空港で税金が返ってくる（空港内に持ち込まなければならないので、液体やキムチ類は難しい）。

　次に、値段交渉について。市場や小さな店では、頑張って交渉してまけてもらおう。今でも、日本人と見ればふっかける店もある。いろんなお店を回れば自然に適正価格がわかるので、まずは情報を集めよう。

　市場や個人商店などでは、「5000Wの物を3つで1万2000Wにして」と、量で勝負することができる。しかし、正札から割り引きのない店もあり、その場合は何かをおまけにつけてくれと頼むのがよい。私は先日、アウトレットでブランドの洋服を100万W分買い、帽子やらバッグやら靴下やらを15万W分つけてもらった。

　韓国では市場の露天などを抜かせば、どの店でもクレジットカードが使える。カードでの支払いを拒めない社会システムになっているのだ。カードで支払うと店が手数料を払わなければならないので、「現金で支払うからまけて」などという交渉も可能だ。

　ところで、食品を買うときに注意したいのが、原材料だ。安いものには中国産の原材料が使われていることが多い。韓国でも中国産は社会問題になっているので、私も原材料は必ず「国産（韓国産）」のものを選んでいる。国産のものは当然値段も高い。安いからと言ってやみくもに買わないほうがよい。

　化粧品も同様だ。コスメの項でも書いたが、チープコスメの品質を過信してはいけない。特にＢＢクリームがはやっていて、日本人は自分用にお土産用にと買って行くが、2万W程度で最高の品質など、求められるはずがない。ちなみに、私の使っているＢＢクリームは10万Wほどする。ドイツから輸入したハーブを100％原材料としているから、高くなるのも当然だ。

　安く買うコツを書いたつもりが、高いものを買う話になってしまった。私が言いたいのは、価格が安いだけではなく、品質にもこだわって買ってもらいたいということだ。

快適な週末ソウルのための
旅のノウハウ編
［航空券・ツアー／空港・宿／市内移動／買い物／食事／マナー／その他］

航空券・ツアー

たった2時間ちょっとで行ける海外 週末ソウルは成田ではなく羽田から

本書シリーズは、おもに週末という限られた期間を利用して短期でも海外旅行をしようというコンセプトなのだが、ソウルに関していえば週末で行くのもそれほど珍しいことでもないだろう。わずか2時間ちょっとの距離だし、フライトの便数も多いから、国内旅行の延長のノリで気軽に訪れることができる。まさに日本からもっとも近い外国。有給休暇をまったく取らずに、土日だけで旅行することも十分に現実的だし、実際にそういうツアーもたくさん存在する。

日本とソウルを結ぶ便は、ほかのアジアの都市とは比べものにならないほど充実している。成田や関空といった主要空港だけでなく、日本全国あちこちの地方空港からも発着している。

東京は成田だけでなく、羽田からも多数の便が出ており、都内近郊からなら成田よりも羽田発のほうが利便性が高い。しかも羽田発のソウル便は、仁川（インチョン）空港ではなく、よりソウル市内に近い金浦空港へ到着する点も有利だ（一部チャーター便を除く）。成田発と比べて、羽田発のほうが料金が若干高かったりはするのだが、週末ソウルならば羽田発を選んだほうが結果的に満足度は高いのではないかと思う。

２００９年５月現在、羽田発ソウル行きの最終便は20時5分発のKE2710便（JL5237便とのコードシェア、機材は大韓航空）。会社の所在地にもよるけれど、都内ならば金曜に退社してからでもぎりぎり間に合う時間帯である。金浦に到着するのは22時20分。空港から移動してホテルにチェックインしたりするうちに深夜になってしまうだろうが、まだ屋台などは絶賛営業中だし、翌日土曜の朝からバッチリ動けるのは魅力的だ。

土日をソウルで過ごして、日曜夜の便で帰るには20時10分金浦発のKE5709便（JL8834便とのコードシェア、機材はJAL）がよいだろうか。現地滞在時間がもっとも長くなるのはこの組み合わせで、羽田着は22時15分となる。行きと帰りで運航機材の航空会社が異なるけれど、大韓航空とJALのコードシェアという形なので、大韓航空、JALのどちらで航空券を手配しても乗る飛行機自体は結局同じだ。

マイレージの関係などでANAやアシアナ航空といったスターアライアンス系を希望するなら、行きが19時35分羽田発のOZ1035便（NH6969便との

コードシェア、機材はアシアナ航空)、帰りが19時30分金浦発のNH1294便(OZ9104便とのコードシェア、機材はANA)という選択肢もある。ただし、大韓航空／JALよりは時間帯が若干不利なので、料金なども比較しつつ選ぶとよいだろう。こちらもアシアナ航空、ANAのどちらで航空券を手配しても乗るのは同じ飛行機になる。

ちなみに、念のため成田発のソウル行きも見てみると、もっとも遅いのが20時30分成田発のOZ105便(NH6975便とのコードシェア)となる。都内から成田までの移動時間を考えると、定時より少し早めに会社を出る必要があるかもしれないが、金曜の会社帰りの利用も不可能ではないだろう。帰りの日曜最終便は18時50分仁川発のOZ108便(NH6978便とのコードシェア)と、

金浦〜羽田よりも条件は不利。前述の繰り返しになるが、都内と成田空港、仁川空港とソウル市内のそれぞれの移動も考慮すると、少しでも滞在時間を長くしたい人にとっては、やはり羽田発の週末ソウルのほうがオススメといえるだろう。(吉田)

●週末ソウル向きの東京〜ソウル間フライト

パターン1	行き	金曜 20:05 羽田発→ 22:20 金浦着 (KE2710 ／ JL5237)
	帰り	日曜 20:10 金浦発→ 22:15 羽田着 (JL8834 ／ KE5709)
パターン2	行き	行き:金曜 19:35 羽田発→ 21:55 金浦着 (OZ1035 ／ NH6969)
	帰り	日曜 19:30 金浦発→ 21:35 羽田着 (NH1294 ／ OZ9104)
パターン3	行き	金曜 20:30 成田発→ 23:00 仁川着 (OZ105 ／ NH6975)
	帰り	日曜 18:50 仁川発→ 21:00 成田着 (OZ108 ／ NH6978)

※KE=大韓航空、JL=JAL、OZ=アシアナ航空、NH=ANA
※2009年5月現在。フライトスケジュールは変更になる可能性もある。

有給いらずのチャーター便利用 週末ソウル弾丸ツアーの内容

週末ソウルのための航空券について紹介したが、「自分でいろいろ予約するのは面倒くさいし、パッケージツアーでOK」という人もきっといることだろう。ソウルに関しては、まさに「週末」をうたったツアーがたくさん存在するので、そういったツアーを利用するのも手だ。

旅行会社が売り出しているその種の週末ソウルツアーでは、専用のチャーター便を利用するものが多い。時期によって航空会社が変わるが、その中身はだいたい同じような内容だ。この種のツアーの最大の特徴は、行きも帰りもフライトが深夜となる点。

行きは金曜の夜遅く、日付が変わって土曜の午前1〜3時頃に羽田を発つ。どんなに残業しても、

万が一飲み会があったとしても、さすがにこの時間帯ならば間に合うというわけだ。同じように帰りは日曜の夜遅く（日付が変わって月曜）にソウルを発つ。羽田に着くのが午前4時台あたりなので、月曜はそのまま会社へと出社できる。これならば、確かに有給が取れないという人でも週末だけで海外旅行が可能だろう。

ちなみにチャーター便利用のツアーでは、羽田発着でも、ソウル側の空港は金浦ではなく仁川となることがある。その時間帯に到着する便はほかにほとんどないらしく、仁川では閑散とした到着ロビーで現地係員が待っていてくれる。そのまま流れ作業的にツアー専用の大型バスに乗り込み、ホテルまで送ってくれる。深夜なので、途中で免税店に立ち寄るなんてことはないが、車内で事細かにガイドの説明があったりして、寝たくても寝られない状態になることも。

実は僕も、JALのチャーター便を利用する週末ソウルツアーに参加したことがある。料金の安さにつられて申し込んだのだが、実際に行ってみて、正直かなり体力勝負であると感じた。実質1泊4日となり、睡眠時間が極端に少なくなってしまうのだ。せっかくソウルまで来たのだから、ホテルでのんびり寝ているのはもったいないし、フライト時間が短いので移動の機内でゆっくり眠るわけにもいかない。とくに帰りがきつく、日曜にがっつり遊んで疲れているのにぜんぜん寝られなくて、そのまま月曜に会社へ出社したら、ほとんど使い物にならないのを覚えている。

とはいえ、仕事の都合でどうしても休みが取れないという人や、安く週末にソウルへ行きたいという人にとっては、それなりに価値のあるツアーであることは確かだ。帰ってからのことはこの際考えずに、割り切って楽しんだ者勝ちかもしれない。（吉田）

空港・宿

仁川からはリムジンバス
金浦からは地下鉄が便利

ソウルには、都心から離れた仁川（インチョン）国際空港と、市内に近い金浦（キンポ）

羽田空港の国際線ターミナル。免税店ももちろん入っているが、成田と比べると規模はかなり小さい

空港があり、まずはここから市内へ移動することになる。

仁川空港からソウル市内へ行くには、タクシー、空港鉄道（＆地下鉄）、バスの3種類があるのだが、旅行者はどれを利用すべきか？

まず、タクシーを利用した場合。仁川からソウルの中心まで約50キロあり、高速道路の通行料（7500W）も乗客が負担しなければならないので、かなりの高額（8万Wくらい）になってしまう。私ならタクシーは使わない。

また、空港鉄道は一見便利そうだが、これが案外、くせ者なのである。入り口までかなりの距離を歩かなければならないので、荷物が多い時は大変なのだ。それに、現在のところはまだ金浦空港までしか路線が通っていないので、利用価値はイマイチ。

もちろん、金浦空港で地下鉄5号線に乗り換えて、乗り換えを重ねなければソウル市内にも行けるので、身軽な人にとっては便利かもしれない。特に、地下鉄9号線（2009年7月開通予定）ができれば、金浦空港で乗り換えて江南へ1本で行けるようになる。仁川空港から江南まで1時間で行けるのだから、これは使える。

でも、地下鉄がその真価を発揮するのは何と言っても、雪が降った時やクリスマス・イブなど、交通渋滞が予想される日だろう。この日だけは地下鉄に限る。

一番オススメなのがバスだ。バスの種類もいろいろあって迷うと思うが、韓国語の分からない旅行者にとって一番楽なのは、座席の広々としたKALリムジンバスだろう。大きなホテルの前に停まってくれるし、停留所の前で日本語のアナウンスも入る（チケットは乗り場にあるチケット売り場で買えばいい）。一般リムジンバスは、KA

Lリムジンバスに比べて安いし、行き先も細かく分かれているので慣れた人には便利だが、アナウンスが英語だけなのが少し不安である。乗るとき、運転手さんにどこで降りるのかを伝えておこう。

ところで、交通手段とは関係ない話だが、仁川空港で注意をしたい点が1つある。仁川空港は出口が多いので、出迎えがある場合は自分のフライトの手荷物受取所（ターンテーブル）のあるゲートから出ないと、出迎えの人に会えないことがある。そうなったら最後、空港アナウンスを頼むしかない。たとえ手荷物を持っていなくとも、空港アナウンスを頼むしかない。

いっぽう、金浦空港の交通手段も地下鉄、バス、タクシーがあるが、市内の空港なので地下鉄が一番便利だと思う。バスは市内の交通渋滞に巻き込まれがちだからだ。ただし、夜遅くの便で来た場合は、到着時間が遅れると地下鉄は終

わっていることが多い。しかしバスは最終便の乗客が出てくるまで待っていてくれることが多いので、まずはバス乗り場に駆け込もう。

金浦空港からなら、タクシーでも市内までは3万Wあれば行けるので、タクシーの利用もオススメだ。金浦空港には仁川空港と違って、ゲートが1つのせいか、白タクの客引きがその付近にたむろしている。声をかけられてもこの場は黙って通りすぎよう。外に出ればきちんとしたタクシー乗り場があるので、そこから乗ったほうが安心だ。

ちなみに、金浦空港は国内線と国際線ターミナルに分かれているので、市内から戻る時は間違わないように。タクシーに乗った場合は、「国際線ターミナル」とはっきり言わないと、国内線ターミナルで降ろされてしまうことがある(「国際線に行ってください」と言っ

たのに、私は何度も国内線で降ろされたことがある。降りるときには確認が必要だ)。バスの場合は、国際線ターミナルで下車し、地下鉄の場合は5号線の改札を出て表示の方向に進む。もし間違えて降りてしまっても歩いて移動できる距離なので、それほど支障はないが。

宿がとれなくても心配なし とりあえず汗蒸幕へ

ソウル市内にはホテル以外にも、旅館、モーテル、レジデンスなど、宿泊施設がたくさんあるので、選り好みさえしなければ飛び込みでもたいてい宿はとれる。だが、週末や祝日の前日などは現地人のカップルのの利用も多いため(旅館やモーテルはラブホテルを兼ねている)、運が悪ければ宿がまったくとれないこともある。

以前、お祭りの時期にヨーロッパへ行った時は、宿がとれなくて

野宿寸前の状況にまで陥ったこともある。だが、韓国はそんな時でも心配いらない。なぜなら、汗蒸幕があるから。朝までいられるし、お風呂にも入れるうえに安いので、貴重品の管理にさえ注意を払えば快適に過ごせる。寝る場所も男子用と女子用に分かれているので女性でも安心して眠れる。

汗蒸幕が見あたらない場合は、PC房で過ごすという手もある。PC房は1時間の利用金額が1000W前後とお手ごろだし、まとめて数時間分を前払いすると割引になる店もある。24時間営業で、ラーメンやお菓子なども食べられるので、体力のある人ならゲームをしながら夜を明かしてもいい。もちろんクッションのきいたイスで眠ってもOKだ。喫煙・禁煙場所が分かれているので、確認してから座ろう。

市内移動

ソウルはバスの路線網が充実 使いこなせると旅の幅が広がる

ソウルっ子にとってバスは、地下鉄よりも身近な存在だ。「地下鉄のように階段を下りなくてもいいのが楽だから好き」という人も多い。ソウルのバスはものすごいスピードで飛ばしてくれるので、ちょっとしたスリルが味わえて（私は）楽しいが、その分、事故も頻繁に起こっている。座っている人はもちろん、立っている人も気合いを入れてふんばってほしい。

さて、バスは種類によって色分けされているが、どの色に乗るかはあまり重要ではない。行き先さえ分かればいいのだ。金額も1000W前後と、どのバスも大差ない。

とはいえ、普通の観光客が韓国語と地理も分からぬままバスを乗りこなすのは相当難しいと思う。それに、バス停にぼうっと立っているだけではバスに止まってもらえない。運転手さんに見えるように手を大きく挙げて合図する勇気も必要となる。バス停の真ん前ではなく、少しズレた場所にストップするバスもたくさんある。自分の乗るバスを発見したら、ひたすら走り、置いていかれないように頑張らなくては、ソウルでバスは乗れないのだ。

もしバスに乗るのなら、降りる場所を運転手さんに告げておくといい（「○○○エソ　ネリョジュセヨ」と言えばOK）。降りるときのアナウンスがないバスや、間違ったアナウンスを流すバス、アナウンスの音が小さすぎて聞こえないバスなど、アナウンスに頼れないケースが多いからだ。降りるときは日本と同様、ベルを鳴らせばいいのだが、日本と違う点がある。降りる人が、バスが停留所に止まってから席を立つのではなく、1つ前の停留所あたりからすでに出口の前に向かうことだ。人が多いので、降りられなくなると困るから、旅行者の場合は、運転手さんのすぐ近くの席に座ったほうがいいだろう。

タクシーは模範と一般の2種類 深夜をすぎたら模範に乗ろう

一般タクシーは白っぽい色（白タクではない）、模範タクシーは黒塗りだから、すぐに区別がつく。一般タクシーの基本料金は2400W、模範タクシー（高級車で、キャリアの長い模範的ドライバーが運転）は4500W（2009年6月1日現在）とだいぶ差があり私の場合、日中は一般タクシーに乗るようにしている。だが、深夜割増料金の時間帯（0時～4時）は、模範タクシーを

利用している。模範タクシーは深夜割増がつかないので、深夜に乗る分には一般タクシーの金額とそれほど変わらないからだ。それに、金額的な問題だけではない。深夜に女性が1人で一般タクシーに乗った際に、性暴力や拉致などの事件がよく起こるので、韓国人男性は知り合いの女性を1人で一般タクシーに乗せる時は、必ず車のナンバーを控えるようにしている。深夜はなるべく模範タクシーを利用してほしい。

また、一般、模範ともにタクシーには「フリー・インタープリター」という制度がある。どのタクシーの窓ガラスにもシールが貼られているので、すぐに分かるだろう。意思の疎通ができないとき、窓ガラスの紙を指しながら「フリー・インタープリター」と言えば、運転手さんが基地局に電話してくれる。日本語のできる人が出てきて、

その人に言えば運転手さんに通訳してもらえるシステムだ。私も一度やってみたが、つながるまでにいろいろとややこしく、かなり時間がかかった。利用者が多くないため、運転手さんも使い方がよくわからないようだった。無料ではあるけれど、よほど困っていないかぎりは使わないほうがいい気がする。それでも、いざというときに言葉が通じるというのは心強いものだ。

時間がない旅行者にとってはやっぱりタクシーは強い味方。いざとなったら日本語通訳を頼もう

ラッシュの時はタクシーやバスより地下鉄で移動がオススメ

韓国だけに限ったことではないが、ラッシュの時間帯はものすごい交通渋滞に巻き込まれる。特に江南方面や、江南から江北に渡る大橋、汝矣島から麻浦に渡る大橋などは、ひどい渋滞が多い。こんな時にタクシーに乗ったらそれこそ心臓に悪い。バスはそれでも専用車線があるので、タクシーや乗用車に比べればスムーズだが、前述したとおり、バスを乗りこなすのは難しい。

よって、ここはひとつ、頑張って地下鉄に乗ってほしい。地下鉄は1〜9号線（9号線は2009年7月末開業予定）まであり、2号線（緑）が山手線のような環状線になっていて、3号線（オレンジ）が南から北へと向かう中央線のようなラインとなっている。この

2本がメインのラインで特にラッシュがひどい。6〜8時は、電車の中もホームの上も、東京と同じかそれ以上の込みようなので、覚悟しておいてほしい。

ソウルの地下鉄は、チケットの買い方が2009年5月から新しくなった。今までは1回用のチケットは紙だったが、何度でも使えるカード式になった。機械の1回用ボタン（画面上、一番左にあるオレンジのボタン）を押して行き先ボタンを押すと、自動的に金額を表示してくれる。このとき500Wプラスされた額を要求されるが、これがカードの料金だ。降りた駅で「保証金返還機（Deposit Refund Device）」にカードを入れると500W戻ってくる。

買い物

ブランド品を買うならまずは免税店次はブランドショップ

ソウルには免税店がたくさんあるので、ブランド品も簡単に手に入る。ロッテ免税店や東亜免税店はソウルの中心部にあるので、空いた時間を利用して行くことができるので便利だ。新羅免税店やロッテ免税店ワールド店、AK免税店などは、前の2つよりも行きにくい場所にある分、人が少ないのがいい。

それにしても、円高になってから免税店はどこも日本人でごった返していて、日本人に人気の商品は品薄状態となっている。ほぼ手に入らないといっても過言ではない。「ヴィトンのカバンでお目当てのものを3つ選んできた」と言っていた友人も、結局、1つも買えなかった。

清潭洞（チョンダムドン）のブランドショップに行ってみるのもいいが、清潭洞まで行くのが面倒な人は、百貨店のブランドショップで買うのも手だ。

百貨店で買ったものは、日本に持ち帰ることを条件に空港で税金が返ってくるからだ。タックス・リファウンドの制度は、パスポートを見せて、レシートにスタンプを押してもらえばいい（ロッテの場合は1階で押してもらえるが、場所がよく移動するので確認を）対象の商品は、税関に品物を見せなければならないので、別にしておこう。

仁川空港の免税店もオススメだ。日本にない商品や、ここでしか買えない珍しい品物がたくさん置かれている。できれば少し早めに空港に行って、免税店でのショッピングを楽しみたいところだ。

アウトレットは韓国人にも人気
セール価格でブランド品が手に入る

アウトレットに行けば、各ブランドの繰り越し商品が格安で手に入る。30〜70％割引で売られているので、流行に関係ないものを買うのならアウトレットに限る。

地下鉄7号線「加山デジタル団地」駅にはアウトレットのビルがたくさんあり、若い女性たちに人気の場所だ。4番出口を出てすぐ左側にあるのが、「ファッション・アイランド」。駅から一番近いとあって付近は人々であふれている。土曜日の夕方は込んでいるので、週末に行くなら午前中がねらい目である。

この地域で一番大きいアウトレットは「マリオ」で、Ⅰ〜Ⅲまである。マリオⅢは1階だけのストリート型、Ⅱはメーカーが直接販売するファクトリーアウトレットが特徴である。これらを通りすぎると、茶色のドームっぽいビルが現れる。これがマリオⅠだ。

マリオの中では一番大きくてブランドの種類も豊富で建物の構造も面白いので、私はⅠが好きだ。不思議なことに、各マリオの中に同じブランドが入っている場合があり、同じ商品でも価格が異なることもある。不思議な現象だが、お気に入りを見つけたらまずはほかのビルを調べてから買うといい。

とにかく安く買いたいならアウトレットがおすすめ。値段はお店ごとに違うから比較検討を

キムチはロッテ百貨店の地下
のりは南大門かスーパーで

韓国土産の定番といえば、のりやキムチだろう。

キムチを買うなら、明洞のロッテ百貨店の地下に行くといい。においと汁の漏れを防ぐためにラップで何重にもぐるぐる巻いてもらえるので安心だ。また、パック入りキムチを買うのもオススメ。ただし、万が一のことを考えてビニール袋に入れておいたほうがいい。

のりは、少量買うのならマート（スーパー）で買ってもいい。でも大量に買うのなら、日本発送の手配までしてくれる南大門がオススメだ。私は南大門の行きつけの店でいつも、段ボール1箱個分を買い、その場で宅急便で送ってもらうことにしている。のりは重くはないがかさばるので持ち運びが面倒だ。2万Wほどで移動が楽になる

ると思うといい。

その他の土産物を買うなら、仁寺洞（インサドン）もオススメだ。土産物屋なので高いというイメージがあるが、物によってはそうでもない。先日、南大門へ行ったときのことだ。仁寺洞で6000Wで売られていたお箸入りランチョンセットが、南大門市場では1万Wだった。南大門市場は安いと思っていたが、絶対的に信用してはいけないと思った。

薬は日本のものが安心
ホテルには歯ブラシセットはない

ほとんどのものは韓国で手に入るので、あれこれ持ってくる必要はない。私が日本に帰国したときに必ず買ってくるものは、風邪薬、胃腸薬、目薬など、薬のたぐいだ。韓国の薬は強いので薬負けしてしまうのでなるべく日本の薬を使いたい。コンタクトレンズをしている人は、レンズ用目薬が手に入りにくいので持ってこよう。逆に、正露丸（韓国語で「チョンノアン」という）やタイレノール（鎮痛剤）などは成分が日本とほぼ同じなので、韓国で買ったほうが安い。

また、ホテルには歯ブラシセットが置かれていないので持参しよう。その他のアメニティはたいていそろっている。

韓国はナプキンが高いので、女性なら生理用品は必携だ。衛生面が気になる人なら便座除菌クリーナーを持ってくるとトイレでも安心。道端でティッシュが配られていないので、ティッシュも多めに持ってくるといい。

1杯分のドリップ式コーヒーを持ってくると、ホテルでコーヒーが楽しめる。スタバやコーヒービーンなど、チェーン店のコーヒーショップは値段が高く、喫茶店のコーヒーは薄くてまずい（韓国のアメリカンコーヒーは、アメリカン用の豆を煎ってお湯を足して薄めるのではなく、エスプレッソにお湯を足して薄めるため）。特にヘーゼルナッツコーヒーなどは色のついたお湯に香りがするだけで、飲めたものじゃない。

食事
フードコートは使い勝手よし
1人でも気楽に利用可能

フードコートは1人でも気楽に利用できるし（韓国の食堂で1人で食事をするのは気が引ける）、数人で食べたいものが違っても、みんなが満足できるので便利だ。

フードコートの利用方法は簡単。入り口にあるカウンターで食べたいものの番号を言って代金を支払うだけだ。番号の印刷された紙をくれるので待っていればいい。最近のほとんどのフードコートは、

自分で番号札を持っていかなくても自動的に注文が入るシステムになっている。たいていカウンターの真ん中に、番号が出る電光掲示板がある。

フードコートによっては、店ごとに番号が出るところもあるので、フードコートを見回してどういうシステムになっているか、観察すると間違わずに済む。

焼き肉屋では同じ肉は数人分まとめて頼む

韓国の焼き肉屋では、盛り合わせのたぐいはあまりない。カルビ、ロース、サムギョプサルなど、部位ごとに数人前ずつオーダーするのが常識だ。1人分では注文を受け付けてもらえないことが多いので注意しよう。ただし、2人分以上まとめて注文したあとなら1人分の追加はできる。

注文するコツは、たとえば3人で行ってサムギョプサルを3人分頼むのではなく、最初から2人分3人分頼みたい場合、まずは2人分頼もう。食べ終えてから1人分追加すると、少し多めにくれることがある。気に入られたり常連さんになったりすると、気前よくどーんと肉を盛ってもらえることや、ジュースをサービスしてもらえることもあるので、韓国はとにかく、店の人と仲良くなることが一番だ。

おいしい店を探すなら地元の人に聞いてみよう。大通りの店より、路地裏のお店がおいしいことが多い

マナー

韓国人はもてなし好き おごってもらったらお返しを

韓国人はフレンドリーだし、日本語が話せたり勉強している人が多いので、すぐ友だちになれる。南大門市場で買い物していて市場のお兄ちゃんに夕食を誘われたり、ナイトクラブで仲良くなった人と飲みに行ったりする機会もあると思う。夜遅くまでハメをはずして遊ばなければ、犯罪に巻き込まれることはないだろう。ここでは、韓国人と食事に行ったときに、守るべきマナーを書くことにする。

お茶碗を持ち上げて食べてはいけないだとか、目上の人の前でお酒を飲むときは横を向いて飲むだとか、そういう一般的なマナーは聞いたことがある人も多いだろう。しかし、実際、そうしたマナーのせいでケンカになったり常識がな

いと言われたりすることはほとんどない。私は堂々とお茶碗を持って食べるし（韓国の茶碗はステンレス製なので、熱くて持てないことが多いのだが）、目上の人の前でも横を向いてお酒を飲んだりしない。また、韓国では、女性が男性にお酌をするのはホステスだからやってはいけないというが、私はお酒を楽しく飲むにはお酌をしてもらうだけでなく、してあげたいと思うので、つい手が出てしまう。

こうしたマナーに違反したからといって、そこまで目をつり上げて怒る韓国人はほとんどいない。「日本人だからしかたない」程度に見逃してくれるものだ。でも、人間関係におけるマナーだけは守らないと、人間性を疑われてしまうので注意したい。

一番気をつけたいのは、お金のことだ。食事に行くと、たいていは韓国人がもてなしの精神を発揮してごちそうしてくれることになるのだが、「申し訳ないから割り勘にしましょう」などと言ってはいけない。最初から会費を出して集まった席でなければ、韓国では誰かひとりが全部支払うのが普通だ。

さて、夕食を韓国人がごちそうしてくれたとしよう。そうしたら、必ず2次会を提案しなければならない。2次会はおごってもらった側がおごり返すのが鉄則だ。つまり、3人で食事したら3次会まで、1人1回ずつ払うことになる。割り勘ではなく、みんなが平等にお金を出すことで収支を合わせるのが韓国式だ。1次会より2次会が高いことも安いこともあるので、まったく同じ金額にはならないが、誰がいくら払ったとか、そんなことを計算するのはナンセンスだ。

ところで、時間や体調の関係上、1次会で終わってしまうケースもよくある。そういうときは、次回

会ったときにその人がごちそうするべきだ。ケチくさい人は韓国ではすごく嫌われる（実は、韓国人の中にも、仲間同士で出かけるときにいつもおごってもらってばかりの人もいるが、陰で悪口を言われている）。

韓国人と一緒に移動して、バスや地下鉄、タクシーに乗ったりしたときも、日本人は勝手に自分が払うことになるのだが、そんなときはみずから進んでお金を渡し、受け取ってもらえなかった場合はその分を何かでお返しするのがマナーだ。露店でたい焼きを買ってもいいし、かわいいアクセサリーをその場で買って渡すのもいい。金額は関係ない。誠意を見せよう。

韓国に来た日本人観光客を見ていると、みんな、自分のほしい物やお土産は高いお金を出して買うのに、韓国人がおごってくれても、急にケチになってお返しをしない。

「今度日本に来たらごちそうします」と言うよりも、その場で積極的に自分からお金を使うべきだ。

よって、食事やお酒の席で歴史の話を持ち出されたら、話に乗らないのが一番だ。「国が違うのだから、歴史の話をしてもあなたの意見に賛同はできない。ケンカしたくないので、歴史の話はやめて、もっと楽しい話をしましょう」とクールに言うほうがよい。

私もよく食事やお酒の席で、日帝時代（日本の植民地時代）の話を持ち出されるが、彼らの考え方はかなり偏って固まっていて言い合いになる。言い負かしたとしても後味が悪いので、日本と韓国が仲良くやっていけるようなテーマで語るといい。

無難なテーマは、まずは恋愛の話だ。特にシングルの女性に対しては、「韓国人の男性と日本人の男性を比べてどう？」などという感想をすごく聞きたがるので、自分の意見を持っていると盛り上がるだろう。それから、趣味の話もいい。

居酒屋などで韓国人と友達になることもあるだろう。カタコトでもいいから韓国語を話せると喜ばれる

残念だけど日本人嫌いの人もいる 歴史を話題にするのは避けよう

また、反日教育のたまもの（？）か、日本人嫌いの韓国人も多い。韓国人と日本人の歴史観は違うため、双方の意見が交わることはな

自分が興味のあるスポーツや、勉強しているものなどの話もいいし、芸能人の話もいい。私は犬好きなので、ペットの話で盛り上がることも多い。飼っているペットの写真を携帯で撮っておき、それを見せると喜んでもらえる。

身元の知れない人との食事には気をつけよう

韓国人とは簡単に仲良くなれるから一緒に食事するのも結構とは書いたが、例外もある。これは韓国人に限ったことではないが、道端で声をかけられたとか、たまたま酒場で知り合ったとかいう人の中には、時おり悪人もいる。私の知り合いも、明洞で仲良くなった人に連れて行かれた先がぼったくりバーで、10万円もとられてしまいショックを受けていた。運悪く、万が一ぼったくりバーに入ってしまったら、恐らく提示された金額

を支払うまでは出してもらえないだろう。その場ではとりあえずは払うしかないが、証拠を持ってすぐに警察に行こう。

その他

旅行中のメールチェックはPC房が便利

PC房は、韓国版のネットカフェだ。宿の欄でも書いたが、安くて気軽に入れる場所なので、歩き疲れたらコーヒーショップの代わりにPC房で休みながら、メールもチェックしよう。

PC房の利用方法は簡単。カウンターで番号のついたカードをもらい、好きな場所に座って、画面にその番号を入力すればよい。カウンターのそばにはジュースやお菓子も売られているので、食べながらゲームを楽しむこともできる。カップラーメンはお湯が準備され

ているので、自分で作って食べよう。店員さんが作ってくれることもある。

メールのチェックはできないけれど、メールで写真レターを送りたいなら、江南駅7番出口前へ行こう。ここにはメディアポールという柱のようなものが立っていて、その場で写真を撮ってメールで送れる。この機械は、利用はもちろん無料だし、日本語の説明もあるので使い方も簡単に分かる（もともとそんなに難しいものではない）。さあ、友達のメルアドを持って、江南駅7番出口へ行こう。

店や建物内では禁煙が常識 たばこを吸うときは必ず確認

日本では路上でたばこを吸ってはいけない地域も多いが、韓国にはそんな地域はまだない。その代わり、ビルや店内では禁煙の店が多い。その代表格といえば、スター

バックス。日本と同様、韓国でも店内での喫煙は禁止されている。コーヒーショップはたいてい、喫煙区域と禁煙区域に分かれている。2階が喫煙、3階が禁煙、のように階ごとに分かれている場合もある。たばこを吸う人はまず確認をしてほしい。

韓国では女性が堂々とタバコを吸うことは恥ずかしいことなので、なるべく目立たないところで吸ったほうがいい。男性の目につくところでタバコを吸っていると、日本人女性の評判が落ちてしまうのでお願いします。封建的なおじいさんは、女性の喫煙者を見て大声で叱る人もいるので、巻き込まれないようにしよう。

最低限のマナーさえ守れば、韓国人は旅行者に親切にしてくれるはずだ。ぜひ、フレンドリーな気持ちで、ソウルの旅行を楽しんでほしい。

おわりに——

先日、韓国料理を食べることだけを目的に、1泊2日でソウル旅行に来た女性と出会った。ぜいたくだなあと感心していると、さらなる強者もいるという。その女性の友人はなんと、東京を早朝発ち、ソウルに到着したらすぐにマッサージを受け、少し遅めのランチにたっぷり焼き肉を食べてから、最終の便で帰ったそうだ。

それを聞いて思い出した。東京からソウルを訪れるビジネスマンには、日帰り出張をする人も多いということを。金浦（キンポ）—羽田の便が充実してから、ソウルはいつでも行ける身近な外国の街になった。

ということは、2泊も泊まれれば十分に楽しめるということになる。週末トラベラーにとってソウルほど適した場所はないではないか！

その上、旅人にとって心強いことに、ソウルはなかなか眠らない都市だ。夜中に子供たちが普通に出歩いているのを見ると驚いてしまう。それだけ安全ということでもある。

ファッション・雑貨の店も夜10時ぐらいまでなら普通に開いているし、遅くなってもタクシー代が安いので、時間を気にすることなくお酒を飲める。買い物もできてお酒も飲めるなんて、私のように主に夜活動する者にとっては本当にありがたい街だ。

ソウルに何度も来ている人は、自然と韓国人の友達が増える。食堂のおばちゃんに顔を覚えてもらい、仲の良い南大門（ナンデムン）のおにいちゃんができて、酒場で意気投合し

たグループと連絡をとりあう。韓国人には実は意外にも親日家が多く、日本の文化が大好きな青年や昔を懐かしむご老人もたくさんいる。

友達になると、自宅に招いてくれる人も多い。家庭料理をごちそうしてくれたり、今度来たときはホテル代わりに使えと言ってくれたり。もちろん、それは口だけではない。彼らの家は、もしかしたら狭くてボロボロかもしれないし、驚くほど大きいかもしれないが、そんなことは気にしないのが韓国人。自分のすべてをさらけ出して接してくれる。

つまり、韓国の旅行はどれだけ韓国人と親しくなれるかで、楽しさがまったく変わってくるのだ。たとえ日本語を知らない人とでも、カタコトの英語と日本語とジェスチャーで十分に仲良くなれるから、おじけづかずに話しかけてみよう。

２００９年６月１２日　金光英実

吉田友和 よしだ ともかず

会社員として働く傍ら、国内外問わず年間数十回の旅行に出かける、「旅するサラリーマン」。そのノウハウと体験をまとめた『仕事が忙しいあなたのための週末海外!』(情報センター出版局刊)が大きな反響を呼んだ。
1976年千葉県生まれ。早稲田大学政治経済学部卒業。都内出版社で勤務ののち、結婚を機に妻と出かけた607日間の世界一周旅行後に職場復帰。その他の著書に『思い立ったらすぐに行けちゃう週末アジア!』『してみたい!世界一周』(ともに情報センター出版局)などがある。近年は近場アジアを中心に、週末海外に明け暮れる日々。実は初めての海外一人旅はソウルだった。そのときに東大門で買った革ジャンはいまでも愛用している。

金光英実 かねみつ ひでみ

現在ソウル在住13年目をむかえるライター、翻訳家。清泉女子大学卒業後、広告代理店勤務を経て韓国に渡る。中央日報日本サイトエディター、旅行ガイドの取材・執筆、韓国ドラマの翻訳、コーディネーターなど多方面で活躍。共著書に、『新・好きになっちゃったソウル』(双葉社刊)、『ためぐち韓国語』(平凡社新書)などがある。ソウルのグルメ事情・酒事情にはうるさく、本書のグルメ情報は長年の食べ歩きの成果をここぞ!とばかりに発揮した充実の内容。

週末ソウル!
2泊3日からはじめる自分だけの旅づくり

2009年7月24日　初版第1刷発行

著　者	吉田友和　金光英実
発行者	下中直人
発行所	株式会社平凡社

〒112-0001　東京都文京区白山 2-29-4
電話　03-3818-0746 (編集)　03-3818-0874 (営業)
振替　00180-0-29639
平凡社ホームページ　http://www.heibonsha.co.jp/

印刷・製本	図書印刷株式会社
デザイン	アチワデザイン室
カバーイラスト	浅妻健司
本文イラスト	鈴木美保
地図製作	株式会社オリオンアート
DTP	有限会社ケイデザイン
執筆協力	鈴木夕未
協　力	松田康代　星野貴彦

ISBN 978-4-582-63054-1 C0026　NDC分類番号 292.093
A5判変型 (19.4cm)　総ページ168
©Tomokazu Yoshida,Hidemi Kanemitsu 2009　Printed in Japan

落丁乱丁本のお取り替えは小社読者サービス係まで直接お送りください(送料は小社で負担します)。